新文科·普通高等教育电子商务专业系列规划教材

西安交通大学 本科"十四五"规划教材

电子商务
优秀设计方案与分析
DIANZI SHANGWU YOUXIU SHEJI FANGAN YU FENXI

——第九届和第十届全国大学生电子商务
"创新、创意及创业"挑战赛部分优秀设计方案述评

《电子商务优秀设计方案与分析》编写组 编

西安交通大学出版社
国家一级出版社
全国百佳图书出版单位

内容简介

为了让读者进一步了解全国大学生电子商务"创新、创意及创业"挑战赛的发展历程及意义,熟悉大赛评选的侧重点,引导广大参赛团队能够在规范有序的创作中发现更加优秀的创新点、创意点及创业点,本书编写组对全国大学生电子商务"创新、创意及创业"挑战赛的发展历程进行了梳理,从参赛学生、指导老师、评委专家及协办企业负责人的感受、认识中总结凝练了大赛的价值及意义,并选取了第九届和第十届中的11个优秀获奖案例进行统一体系编辑、整理、分析,邀请教育部高等学校电子商务类专业教学指导委员会专家、高校电子商务专家和企业专家加以点评,最终编辑成册回馈读者。

本书可以作为全国大学生电子商务"创新、创意及创业"挑战赛的参赛辅导用书,也可以作为高校电子商务类专业的案例分析教学用书,也可以作为电子商务创业者和实践者的参考用书。

图书在版编目(CIP)数据

电子商务优秀设计方案与分析:第九届和第十届全国大学生电子商务"创新、创意及创业"挑战赛部分优秀设计方案述评/《电子商务优秀设计方案与分析》编写组编. —西安:西安交通大学出版社,2021.4(2022.2 重印)
ISBN 978-7-5693-2155-5

Ⅰ. ①电… Ⅱ. ①电… Ⅲ. ①电子商务-案例-中国 Ⅳ. ①F724.6

中国版本图书馆 CIP 数据核字(2021)第 056438 号

书　　名	电子商务优秀设计方案与分析——第九届和第十届全国大学生电子商务"创新、创意及创业"挑战赛部分优秀设计方案述评
编　　者	《电子商务优秀设计方案与分析》编写组
责任编辑	祝翠华　郭　剑
责任校对	李逢国
出版发行	西安交通大学出版社 (西安市兴庆南路1号　邮政编码 710048)
网　　址	http://www.xjtupress.com
电　　话	(029)82668357　82667874(发行中心) (029)82668315(总编办)
传　　真	(029)82668280
印　　刷	陕西金德佳印务有限公司
开　　本	787 mm×1092 mm　1/16　印张 12.75　字数 316千字
版次印次	2021年4月第1版　2022年2月第2次印刷
书　　号	ISBN 978-7-5693-2155-5
定　　价	39.80元

如发现印装质量问题,请与本社发行中心联系调换。
订购热线:(029)82665248　(029)82665249
投稿热线:(029)82664840
读者信箱:xj_rwjg@126.com

版权所有　侵权必究

《电子商务优秀设计方案与分析》编写组

组　长：李　琪

副组长：彭丽芳　汤兵勇

项目点评专家（按照姓氏笔画）：

　　马莉婷　乔志林　汤兵勇　张　利
　　彭丽芳

项目指导教师（按目录项目排序）：

　　苗　苗　　蒋玉石　刘荣华　张国伟
　　刘东霞　　温芝龙　李忠俊　韩顺玉
　　呼延文娟　柳　梅　高永利　张　玉
　　谭　韬　　韦南京　毛志斌　安光倩
　　龙艳平　　薛巍立　李　明　曾　蒸
　　罗　祯　　谢　晶　张钰洺

文稿统筹整理秘书：

"三创赛"竞组委秘书、西安交通大学在读博士：

　　李　磊　刘　帅

新文科·普通高等教育电子商务专业系列规划教材

编委会

编委会主任：李　琪

编委会副主任：彭丽芳　章剑林

顾 问 专 家：汪应洛　闵宗陶

审 定 专 家：（按照姓氏笔画排序）：

　　王玉江　王丽芳　左　敏　帅青红

　　汤兵勇　孙细明　张李义　张荣刚

　　张淑琴　段　建　倪　明　潘　勇

编委会成员（按照姓氏笔画排序）：

　　王　俊　王　静　许德武　孙林辉

　　孙德林　李立威　李杏丽　吴敬花

　　张仙锋　张爱莉　陈　静　陈瑞义

　　宓　翠　胡一波　袁晓芳　徐　雷

　　常利伟　崔振魁　崔敬东　麻见阳

　　彭　玲　彭敏晶　董林峰　裴一蕾

　　熊于宁　魏修建

前言

全国大学生电子商务"创新、创意及创业"挑战赛(以下简称"三创赛")是在2009年由教育部委托教育部高校电子商务类专业教学指导委员会主办的全国性在校大学生学科性竞赛。根据教育部、财政部(教高函〔2010〕13号)文件精神:"三创赛"是激发大学生兴趣与潜能,培养大学生创新意识、创意思维、创业能力以及团队协同实战精神的学科性竞赛。大赛连续五年上榜由中国高等教育学会发布的全国普通高校大学生竞赛排行榜,成为全国广大师生信赖、支持的大赛。

第九届"三创赛"于2018年11月15日正式启动,共有60000多支团队报名参赛,近一千所高校参与,涉及全国32个省区市(包括澳门特别行政区),都举行了省级选拔赛。经过校级、省级激烈角逐、层层选拔,最终经"三创赛"竞组委审核,共有159支参赛团队入围全国总决赛现场赛。第九届"三创赛"总决赛于2019年8月20日至22日在西安交通大学成功举行。第九届"三创赛"总决赛经过专家评审、分组赛、终极PK赛等环节,最终决出第一名、第二名、第三名各一名以及特等奖9名,一等奖60名以及二等奖和三等奖若干名,最佳创新奖12名,最佳创意奖和最佳创业奖各11名,并且为获得特等奖团队的指导教师颁发"最佳指导老师奖",为获得一等奖团队的指导教师颁发"优秀指导老师奖"。

第十届"三创赛"于2019年12月16日正式启动。2020年,依据教育部落实国家"放管服"政策的要求,第十届"三创赛"的主办单位由教育部电子商务教指委转变为全国电子商务产教融合创新联盟,加之2020年元月下旬突然爆发的新冠肺炎疫情等影响,给第十届"三创赛"的报名、组织、管理和三级赛事的举办带来不小的压力,最终第十届大赛仍然共有70000多支团队报名参赛。全国32个省区市(包括澳门特别行政区)利用网络平台举行了线上省级选拔赛。第十届"三创赛"总决赛于2020年8月20日至22日在位于河南洛阳的河南科技大学成功举行,总决赛也首次采取线上比赛,即全程直播的新模式,167支参赛队参与了总决赛,吸引了近8万人同时观看。最终经过分组赛、特等奖路演等环节,决出第一名、第二名、第三名各一名以及特等奖6名,一等奖14名以及二等奖和三等奖若干名,最佳创新奖15名,最佳创意奖和最佳创业奖各11名,并且为获得特等奖团队的指导教师颁发"最佳指导老师奖",为获得一等奖团队的指导教师颁发"优秀指导老师奖"。

第九届"三创赛"总决赛阶段在前几届大赛经验的基础上开展了丰富多彩的活动,包括创新人才培养"政产学"论坛、企业农产品展示、成果对接会等,充分利用大赛平台实现"政、产、学、研、用"五力协同,促进电子商务创新人才的培养和优秀项目的推广。第十届"三创赛"总决赛由于疫情的原因没有举办线下相关活动。以后的大赛总决赛阶段还将继续开展更加丰富多彩的活动,配合大赛落实推进。

"三创赛"已经成功举行了十届,全国有将近百万师生积极报名参与。取得这样的成绩与教育部高等学校电子商务类专业教学指导委员会领导和各位委员的积极参与密不可分。各省级赛承办单位从申请承办权到组织比赛都能够尽职尽责,做了大量细致工作。各地参赛高校以及地方政府、教育部门、企事业单位共同合作开展了卓有成效的竞赛活动,取得了优秀成果。西安交通大学和河南科技大学分别作为第九届和第十届的总决赛承办单位也作出了卓越的贡献。中国信息经济学会电子商务专业委员会、全国高校电子商务与电子政务联合实验室、北京博导前程信息技术有限公司、深圳因纳特科技有限公司等组织和企业作为"三创赛"的协办单位提供了大力的帮助。特别是主办单位更换成为全国电子商务产教融合创新联盟后,"三创赛"的发展平台更加广阔,更加有利于电子商务教学、产业以及创新相融合。

为了让更多的参赛团队能够学习优秀的获奖作品,引导广大参赛团队能够在规范有序的创作中发现更加优秀的创新点、创意点以及创业点。"三创赛"竞组委与第九届、第十届晋级全国总决赛的参赛团队签署了成果转化协议,并在团队同意的情况下,竞赛组织委员会(简称竞组委)发布竞赛成果,积极推动获奖成果的转化。同时,"三创赛"竞组委首次同西安交通大学出版社深度合作,将同意发表的获奖团队的成果按照统一的结构体系编辑、整理、加以分析,再邀请教育部高等学校电子商务类专业教学指导委员会专家、高校电子商务专家和企业专家加以点评,最终编辑成册回馈读者。本书共收录了特等奖作品6个,一等奖作品5个,其中2个为第九届作品,9个为第十届作品。

本书的成功出版要感谢西安交通大学出版社的大力支持,感谢获奖团队和指导老师的无私奉献,感谢所有点评专家和编委会成员的辛勤工作。同时,本书如有不足之处,恳请读者不吝赐教。

编写组

2021年4月

第一部分	"三创赛"的发展与回顾	(001)
第二部分	"三创赛"的意义及价值	(008)
第三部分	第九届和第十届"三创赛"部分优秀设计方案述评	(015)
案例一	启程——"Z一代"水果电商平台	(016)
案例二	地域文脉旅游创意服务	(035)
案例三	知微——扶智扶心成长社区	(063)
案例四	呼吸未来,生态涂料领航者——以核心技术打造中国首家生态环保涂料行业一站式服务平台	(091)
案例五	智慧矿山安全数字化教育与仿真	(109)
案例六	五四创客——五四公社自媒体学习平台	(133)
案例七	余音	(144)
案例八	向往的土家	(154)
案例九	基于策展市场的社区化校园管理平台	(165)
案例十	情系凤仙,桃香四溢	(175)
案例十一	瓦猫零食	(185)

第一部分
"三创赛"的发展与回顾

CHAPTER 1

"三创赛"介绍

  电子商务"三创赛",它对于我们学生来讲是培养"三创"的能力,对社会来讲是为社会提供急需的"三创"人才。大赛完全符合我们大学生从理论到实践、理论联系实际的需要,符合我们人才培养的需要,符合我们企业人才需求的需要。创新是人类发展的根本动力,高校是创新的高地。所以,"三创赛"首先强调要有创新意识,就是要和我们国家"三步走"的战略紧密结合起来,为国家的发展,为民族的振兴,乃至人类的发展做出更大的贡献。

李 琪

全国大学生电子商务"创新、创意及创业"挑战赛竞赛组织委员会主席

教育部电子商务类专业教学指导委员会副主任

全国高校电子商务与电子政务联合实验室主任

中国信息经济学会电子商务专委会主任

西安交大经济与金融学院教授/博导

创新是社会进步的动力,也是一个民族的灵魂。提高学生的创新意识,培养学生们的创新思维是时代发展需要,是实现中华民族伟大复兴的重要途径。电子商务"三创赛"一直秉持着"创新、创意及创业"的宗旨,致力于培养大学生的创新意识、创意思维和创业能力,为高校师生搭建一个将专业知识与社会实践相结合的平台,提供一个自由创造、自主运营的空间。相较于我国其他的大学生创业类比赛,"三创赛"最为显著的特点在于参赛团队的项目均依托电子商务运营模式,服务于社会发展的方方面面。

"三创赛"所构造的平台可以将学生的创造力发挥至最大化,也正是因为这样,才可以广泛地发动、吸引高校学生参与进来,通过大赛将专业知识与实践相结合,提升创新意识和创业精神。回顾往届的"三创赛"比赛,我们可以看到的是大赛对"创新"的重视。一个成功的项目必定有着引人注目的"亮点"。这个"亮点"可以是一个全新的事物,也可以是已存在的一个全新的视角,同样可以是对原有成果的迭代升级。不论是全新事物本身还是一个新的视角、一个新的高度,只要是"新"的,都可以为项目加分不少。正是历届大赛这种对于"创新"的不断追求,才能推动和激励学生们的创新动机,让他们充满热情地投入到比赛进程中,激发学生们的创新兴趣,促使他们积极地追求新的事物。

"三创赛"鼓励学生积极投入到新兴事物中,在这种"追求创新"氛围中,培养学生的创新意识,培养复合型人才。拥有了创新意识,很多人又陷入了"如何创新""怎么创新"的思想僵局。在大赛所提供的平台上,学生们拥有多种可能性,也面临多重的问题。大学生们通过创新实践活动改变思维定式,改变思维惯性,增强大学生对创新的认识和理解。参赛的过程促使学生们多维度地思考问题,找到解决问题的方法。这种创新性思维模式的形成,有助于学生们之后更好地面对生活和工作中所出现的难题。通过借助大赛的平台,学生们可以将自己所学运用起来,解决自己面对的问题,同时也通过"三创赛"培养自己的创新意识和创新思维,相比于比赛最后的结果,在比赛过程中所提升的思维素养更为重要。

从创业方面来看,作为创业者,全面发展是非常重要的一个方面。未来不是现实,未来的事情往往很少能确定,只有具备强大的综合能力才能保证创业的成功。在当今大学生的培养过程中,学科竞赛的优势就是能够实现对参赛选手专业知识与综合素质、能力结构的整合。作为一名合格的电子商务专业人才,应该具备丰富的专业知识、出色的专业能力和优良的综合素质。"三创赛"的平台能够使选手在这三个方面得到综合锻炼。要有效完成一个参赛项目,其实对于选手的这三个方面的要求是比较高的。从项目的设计到团队的组建,从项目的论证到项目的展开,从项目的完善到层层参赛选拔,学生的专业能力、应用能力、组织能力、团队协同能力、沟通能力、表达能力等方面得到了有效锻炼。从校赛到省赛再到全国总决赛,规模越来越大、场合越来越正式、关注度越来越高,正好给了参赛队员一个循序渐进的过程,把学生逐步培养成为敢表达、能表达、会表达的优秀大学生。从结果来看,成功与肯定能激励学生的信心,失败与挫折也能培养学生的意志。

2009年12月6日,由浙江大学承办的首届全国高校电子商务"创意、创新及创业"挑战赛总决赛在浙江大学玉泉校区举行。自此拉开了"三创赛"事业的序幕。来自全国的92所高校、216支参赛队共约956名师生参加了此次总决赛。最终,西安交通大学的"BUC学生票务代理平台"、浙江大学的"易网商商业计划书"、东华大学的"易美优餐饮自动化系统"、合肥工业大学和安徽财经大学的"尚睿——3D公仔研发与品牌战略商业计划书"、武汉大学的"中国科教评价网的开发与运营"、北京交通大学的"基于IDEF的批发市场网上电子商务与运输流程重组"和嘉兴学院南湖学院的"唱响网络音乐公司"7个参赛作品凭借有创意、会创新、能应用获得了特等奖。这些团队成为大赛优秀的开创团队。

从2009年至2019年,"三创赛"总决赛分别在杭州、西安、成都、武汉、太原等地举办。参赛团队从第一届的1500多支发展到第十届报名团队数量高达到70000多支,规模越来越大,影响力越来越强。"三创赛"已经成为颇具影响力的全国性品牌赛事,具体情况见下表。

"三创赛"历届总决赛承办单位及大赛参赛团队数

届数	总决赛承办单位	大赛参赛团队数
第一届	浙江大学	1500多支
第二届	西安交通大学	3800多支
第三届	西南财经大学	4900多支
第四届	华中师范大学	6300多支
第五届	成都理工大学	14000多支
第六届	西安交通大学	16000多支
第七届	西安交通大学	20000多支
第八届	太原理工大学	30000多支
第九届	西安交通大学	60000多支
第十届	河南科技大学	70000多支

大赛多年来得到了从教育部、商务部到各省、直辖市、自治区教育厅(教委)、和商务厅(局)等的大力支持;得到了全国越来越多企业的大力支持和赞助,例如重庆市石柱土家族自治县、成都国际商贸城、深圳市普惠在线互联网金融有限公司、西安新丝路国际电子商务产业园、山西杏花村汾酒集团有限责任公司等分别对大赛总决赛进行了冠名支持。

同时,"三创赛"也得到了社会各界包括新闻媒体的大力支持,央视《朝闻天下》专门对第六届、第七届、第九届"三创赛"的总决赛给予了及时的新闻报道,CCTV-13《新闻直播间》对第八届、第十届"三创赛"进行了播报宣传。具体报道可以扫描下面二维码观看。

　　第六届　　　　　第七届　　　　　第八届　　　　　第九届　　　　　第十届

近几届的大赛,参赛团队中出现了更多师生混合队、跨校混合队甚是跨省区混合队、跨学科混合队,实现了全员性参与。师生混合队中既有电子商务专业学生全员参与,也有相关专业教师全员参与。这样的形式让每个学生从中得到了锻炼,也让每个专业教师更好地了解学生的学习状况,有效帮助学生解决学习困难,全面培养学生成为合格的专业人才。跨学科混合队的出现,不仅解决了单纯电子商务专业背景的队员很难开发和完成高水平的项目的现象。特别是工科专业、财会专业背景学生的参与,不同专业背景构成的团队不仅能够实现专业的互补,而且不同的思维方式、不同的视角能够碰撞出更多创新、创意的火花。

随着电子商务作为先进生产力渗透到社会经济发展的各个领域,电子商务的形式以及应用多种多样。这也为大赛参赛选手的选题提供了更多的选择。从最初的校园电商到面向社会各行各业的电商新模式——"电商扶贫,乡村振兴""旅游电商""工业电商""产业电商""跨境电商""直播电商""电商抗疫"等。从电子商务在传统互联网上的应用到引入最新科技领域的5G、AI等技术与电子商务的融合创新,参赛作品丰富多彩,紧贴时代特征。

第十届"三创赛"的特等奖获奖团队分别来自"985"高校、"211"高校、地方著名高校、民办高校、高职院校,团队成员既有博士生、硕士生,又有本科生以及专科生。这说明大赛的影响力已经非常全面,真正了成为全国大学生的"三创赛"。

历届"三创赛"精彩回顾

首届

第二届

第三届

电子商务优秀设计方案与分析

第四届

第五届

第六届

第一部分 『三创赛』的发展与回顾

第七届

第八届

第九届

第十届

第二部分

"三创赛"的意义与价值

CHAPTER 2

"三创赛"的价值在于"大赛促进教学,大赛促进实践,大赛促进创造,大赛促进育人"。这些价值可以从参赛团队学生到指导教师、评委、企业家的感受、认识中体现出来。

1. 第三届"三创赛"第一名的队长杨帆感言

(1)天地君亲师,承抒奋进之笔。

曾几何时,回想弹指一挥间,嫣然9年时间已然逝去,但抹不掉的是岁月的痕迹,2011年11月26日晚,定格在我人生最难以忘怀的时间,当我和我的团队站在全国大学生电子商务"三创大赛"的领奖台上的时候,从李琪老师手中接过最高荣誉的奖杯瞬间,也注定我的人生有了新的轨迹和荣誉,而此将伴随我的一生。

忆当年,乱云飞渡,风吹浪打,"三创"初期多磨砺;而今朝,自力更生,奋发图强,"三创"辉煌新篇章。例数九届,我的耳畔仿佛传来典礼炮声的回响。十余载风雨兼程,同舟共济;十余载披荆斩棘,斗志昂扬。我感到无比自豪,无比骄傲,艰难困苦,玉汝于成,抓住希望的机遇,撑起命运之舟,托起明天之阳,今天,"三创赛"让我们磨炼羽翼;明天,我们将让"三创赛"搏击长空。

(2)仁义礼智信,成方满意之作。

一个人只有精神上有了归属,有了寄托,人生才会过得有意义和充实。而我的归属便是"三创赛",改变我人生的所有轨道来自第三届"创新、创意及创业"大赛的参与和获奖以及到后续的传承。因为这个比赛,才让我后续的人生和职业规划之路有了转折。站在这个舞台上总会让人觉得非常感概和留恋,心中也会泛起阵阵的波澜。荣誉就好比是圆形的跑道,既是终点,又是起点,这是"三创赛"对我人生来说最真实的写照。

(3)对"三创赛"价值的认识。

①学生自我认知能力的综合培养。

第一,学生可以从中充分认识到自己。

第二,学生可以从中认识到自己在集体和社会中的地位及作用。

第三,学生可以从中认识到内心的心理活动及其特征。

也正是因这样,学生通过大赛将专业知识与实践相结合,提升创新意识和创业精神,将来毕业更好地融入到社会,有立足之地。这才是体现比赛最好的价值,也是对自我认知能力最好的回答与初衷。

②学生成长的意识和意志——"三创"精神的传承。

"三创赛"就是感性认识和理性认识的完美结合。比赛周期长,而且从立项初期项目的设计和选择,到团队的组建和磨合,以及后期比赛过程中遇到的问题,若没有坚韧不拔的意志和坚强的战斗意识,是绝对不可能完成整个比赛过程的。"三创"精神一直在我们身边,也会伴随每个年轻人成长,下一个时代的"三创"学生应该具备良好的学习和创新能力,敏锐而超前的思维能力,锲而不舍的坚毅精神,锐意进取和求真务实的学习态度。有了信心就有了新的希望,新时期的"三创"必将谱写灿烂辉煌新篇章!

2. 第四届"三创赛"第一名"格格果"团队负责人柳瑶感言

通过参加第四届全国电子商务"创新、创意及创业"挑战赛,与来自全国各地的优秀参赛团队同台竞技的同时,在大赛这个大舞台上,通过相互之间的交流与学习,我们发现在创新、创业这条道路上有如此多的同行者。来自学术界、企业界的专家评委从创业团队、商业模式、项目运营、财务管理等多维度为我们的项目进行诊断与指导,让我们更清晰地了解项目自身的优势与劣势。

参加"三创赛"与其说是参加一次比赛,不如说是一次大范围市场认可度的调研,一次实战过程中的保驾护航,一次对将来项目运营过程中可能遇到的"坑"的提前谋划,一次对团队、项目的大检验。

柳瑶的创业项目在初期获投资1000万元,现扩展至数亿元。现柳瑶在华中师范大学攻读博士。

3. 第九届"三创赛"第一名"第一书记"团队感言

非常荣幸能够获得第九届全国大学生电子商务"创新、创意及创业"挑战赛的第一名,我们能够获得这一荣誉离不开学校的支持、老师的辛苦付出和项目成员对电子商务创业的热情。从准备创业至今,我们遇到的困难与挫折磨砺了我们坚定且不服输的品格,这个成长的过程远比一个奖杯更有意义。与此同时,这份荣誉也带给了我们坚持下去的动力。

电子商务"三创赛"积极地促进了产学

研之间的联系,让我们有机会将课堂上的知识应用于实践;同时可以培养我们的创新思维、创意思维和创业能力。在比赛的过程中,我们可以结交许多优秀的创新型人才,互相学习、互相交流提高我们的能力,也可以得到专业人士的建议与指导,扩大项目的发展空间。"三创赛"所能为我们带来的财富是无比巨大的。

4. "三创赛"历届协办企业之一、北京博导前程信息技术股份有限公司董事长段建感言

"三创赛"正在紧张地组织中,自己作为亲历者、见证者、学习者、参与者、支持者无比地感慨、感动、感恩、自豪和荣幸。

从第一届的1500多支队伍,到第九届报名参赛团队达60000多支,吸引了30万人。赛事影响力之大,参与人数之多,支撑和见证了中国电子商务教育的迅猛发展,成为支持举世瞩目的中国电子商务发展力量的一部分。作为亲历者,怎不令人感慨!

从"三创赛"策划、发起、组织,倾注了许许多多专家教授、老师们的心血,他们为中国电子

商务教育事业发展呕心沥血,百折不挠地坚持和付出,才有了赛事的持续和不断创新升级。每场比赛的组织者、执行者、支持者、志愿者人数众多,全都无怨无悔地辛勤付出,以确保赛事顺利举办。每届赛事,指导老师、同学们紧抓行业发展热点、痛点,利用所学知识,大胆创新,充满创意,勇于创业尝试,让人眼睛一亮的作品层出不穷。作为见证者,怎不令人感动!

每次参加"三创赛"都是向专家取经,向同行请教,向参赛队伍学习的机会,每次都有很多收获、很多启发。作为学习者,怎能不感恩!每届赛事,校赛、省赛争取时间都要参加,每届决赛全部参加,作为参与者,非常自豪。

过去的十年里,九届赛事,一路走来,"三创赛"不仅仅创新地支持了电子商务实践教育,提升了学生的创新、创意、创业的意识和能力,也为高等教育如何紧跟和引导产业变化培养人才探索了模式和经验,走出了具有中国特色的产教合作之路。"三创赛"本身就是"三创"精神的典型代表。

比赛源于对人才培养模式的创新,赛事的组织、内容、评价等都是创新提出和设计的,而且每届都有新变化,每届都在持续创新。比赛处处体现着基于服务学生成长、培养国家需要人才理念和改革培养模式的创意。赛事的持续举办和参与人数的快速增长是在克服了许许多多困难情况下完成的,这何尝不是基于伟大愿景,组织各种资源坚持不懈地达成目标的创业。

祝愿下一个十届,"三创赛"为新时期中国高等教育和电子商务事业发展做出更大贡献!

 5. "三创赛"历届协办企业之一、深圳市因纳特科技有限公司胡强感言

"三创赛"是高等教育改革的有效实践!

(1)"三创赛"励志教育功不可没。

作为多届"三创赛"总决赛和省赛评委,每次看到学生在台上激情洋溢地展示自己的项目,他们精心准备、充分演绎、充满朝气和活力,让我觉得祖国的未来可期!"三创赛"励志教育功不可没!

(2)"三创赛"是高等教育改革的有效实践。

以赛代练,强调实践能力,高校教学理念在转变,"三创赛"是中国高等教育改革的一个有效实践。"三创赛"给予了大学生站在舞台上宣讲自己理念的机会,这是中国高校教育的进步!"三创赛"的参与过程有利于学生加深对所学知识的理解和应用、加深对商业和工作的理解和感受,是大学生综合素质全面提升的过程。

(3)"三创赛"埋下了众多创业的火种。

有十多年创业经历的我,在创业路上有很多的艰辛与困惑。我十分羡慕"三创赛"的参赛学生,他们都很幸运,还没开始创业征途,就可以参与创业演练,感受和体验创业的氛围。

"三创赛"以"创新、创意及创业"激发大学生的兴趣与潜能,培养大学生创新意识、创意思维、创业能力以及团队协作精神,锻炼大学生的创新意识与潜能,极大地激发大学生的创业热情,为祖国埋下了众多创业的种子,他们将在未来生根发芽并茁壮成长!

6. 教育部电子商务类专业教学指导委员会委员、西北工业大学王丽芳教授感言

"三创赛"是教育部评定的大学生A类赛事之一,其显著的特点是"学科竞赛"。

"三创赛"为电子商务及其相关专业人才培养提供了理论联系实际的平台。

"三创赛"为大学生在实践中学习、在实战中成长提供了指引。

"三创赛"为大学生学以致用、回报社会开辟了通道。

创新是推动社会进步的重要力量。创意源于生活,服务创造价值。

"三创赛"既培养了学生分析问题和解决问题的能力,又培养了学生将日常学习中的各门课程知识进行综合运用的实际应用能力。

在整个项目实践过程中,学生们的自我学习能力、科学研究能力、团队协作能力、沟通组织能力以及责任心等都得到了锻炼和提升。

学生们在"三创赛"中获得的实践知识和成就感是其他教学环节很难达到的。

7. 教育部电子商务类专业教学指导委员会委员、武汉大学张李义教授感言

(1)影响力越来越大。

"三创赛"起步于国际金融危机和我国电子商务快速发展时期,从第一届的1500多支队伍参加到第九届的60000多支队伍,得到了国家相关部委、权威媒体、知名电商企业、相关评价机构的支持,在人文社科类的学科竞赛中一直处于领先地位。

(2)学校、企业、学生的认同感越来越强。

包括众多"双一流"高校在内的学校将"三创赛"作为学校支持和奖励的赛事,部分高校将"三创赛"成绩作为学生评奖学金、研究生推免的赛事之一;部分高校将"三创赛"成绩作为培养计划中实践课程的成绩;部分高校将"三创赛"作为'互联网+'、挑战杯竞赛的并列赛事。越来越多的电子商务和互联网企业参与到"三创赛"的组织、支持、冠名、评审工作中,为参加"三创赛"的学生提供实习岗位,优先录用在"三创赛"中获得奖项的学生。越来越多的学生参与到"三创赛"中,除电子商务专业学生外,大量的计算机类、人文社科类、医学类、艺术类等专业的学生与电子商务专业学生联合组队参加大赛,将大赛作为创新、创业能力培养的一个重要环节。

(3)产学研融合的力道越来越强。

互联网、电子商务企业邀请高校教师、学生参与到企业的运营和创新项目中,与教师、学生联合攻关,并将好的项目通过"三创赛"展示出来。许多教师到企业兼职,众多学生到企业实习,从企业运作实践中发掘新的参赛项目、新的商业模式。这样,一方面培养了学生的创新创业能力、教师的理论与实践结合能力,另一方面也为企业提供了大量有前景的创新项目。

8.多届"三创赛"指导老师、评委、省赛负责人,西南交通大学苗苗教授感言

自从2011年第一次带领学生们参加"三创赛"至今已过去了九个年头,陪伴着一群又一群的孩子们从提出创意到初具雏形,从校赛一步步努力登上全国总决赛的领奖台,每届我都有许许多多感动与收获。与其说我是学生们的老师,不如说我与学生们一样都是奋斗者,都是成长者。为了给予孩子们最有利的帮助,我也需要不断地学习和探索,与孩子们不断努力完善项目,更好地呈现项目。

在每次对学生们的指导讨论中,他们总会反馈给我意想不到的创意,或是教给我一些不曾了解的知识,跟这些可爱又努力的孩子们一起,他们的激情、活力和团结总是无时无刻感染着我。

几载"三创"的经验,不断创新、敢于探索的"三创"精神同样应用在我自己日常的教学与科研中。和我们一样,"三创赛"见证着这九年间电子商务、科技力量的快速发展,但它始终贯彻着创新思维与创意理念,鼓励大学生们以青春之力建功祖国发展。

2020年,疫情突发,很多人都遭受了苦难。孩子们关注时事,立刻站出来用电商思维去帮助果农,他们说这是大学生的责任与担当。扶贫扶弱,他们奋勇前进,疫情当下,他们助农抗疫。我想,能为社会创有所用、创有所值便是当下"三创赛"的初心与价值所在。

　　近年来,"三创赛"的比赛规模逐渐壮大,我很欣慰看到越来越多的青年学子选择在"三创赛"的舞台上追逐梦想、直面挑战。祝愿越来越多的优秀项目从"三创赛"出发,祝愿"三创赛"越办越好!

第三部分

第九届和第十届"三创赛"部分优秀设计方案述评

CHAPTER 3

第九届介绍　　第十届介绍

案例一　启程——"Z 一代"水果电商平台

获奖情况：第十届"三创赛"特等奖
参赛团队：西南交通大学 启程
参赛组长：魏 宁
参赛队员：陈俏妤　刘美桐　杨汉纯　王宜欣
指导教师：苗 苗　蒋玉石　刘荣华　张国伟
关键词：助农抗疫　水果电商　年轻消费群体　品牌营销

案例视频

摘要：启程团队以"Z 一代"年轻人、农产和各类水果产业基地作为目标客户，运用全新的电商思维，立足年轻群体的消费心理，构建了启程助农驿站水果电商平台。启程团队主营的水果电商平台上架鲜果、潮果、干果、礼品果、创业"果"五大创意品类，依托选品和物流优势，与各类水果产业基地和企业直接联系，减少中间供应环节。此外，启程团队立志做中国电商的"后浪"，从年轻人自身做起，助力企业品牌转型升级，打造年轻化品牌。疫情期间，启程团队还将团队优势用于助农抗疫，携手一线年轻志愿者召唤更多年轻人展现"00 后"抗疫担当。

1　项目简介

1.1　项目主要意义

新消费已经连续 5 年成为我国经济增长的第一动力，市场发展空间大。我国一直在强调并且鼓励农产品与电商相结合，农村电商大有可为。新冠肺炎疫情发生以来，由于物流受阻、需求下降等因素影响，大量农产品滞销，基于对农产品滞销大数据平台数据分析，蔬菜、禽类、水产、水果滞销严重，其中叶菜类及应季水果滞销最为严重。电商成为解决农产品滞销的最佳途径。但由于大部分农户不擅长电商，在短时间内难以解决滞销问题。启程，作为 5 个"00 后"的创业团队，利用自身优势，建立聚焦年轻群体的线上水果电商平台助农抗疫，将疫情期间盈利捐至抗疫一线。启程团队联系其他为疫情作奉献的年轻人志愿者开展携手抗疫活动，召唤更多的年轻人奉献自己的一份力，展现"00 后"的抗疫担当。

1.2　项目达成目标

启程助农驿站平台未来的目标是成为国内最大、最值得信赖、最擅长品牌营销的聚焦于年轻市场的水果电商平台。目前平台正向以下方面发展：严格选品，保质保量；缩短供应链，提升价格优势；聚焦年轻群体，打造品牌营销。

1.3　项目主要内容

启程助农驿站是一家针对年轻人的水果电商平台，旨在聚焦年轻市场，专注年轻群体营销，从而打造年轻化品牌。目前市场上的水果电商平台同质化严重，因此启程平台打造创意品类,以年轻思维设计产品包装,上架鲜果、潮果、干果、礼品果、创业"果"五大品类,形成品牌竞争力并打造独特且年轻化的品牌形象。由于团队年轻化营销的优势,启程团队还提供为品牌打造年轻化形象的服务。

2020年新冠疫情的爆发导致全国各地大量农产品滞销,启程团队将平台资源和经验用于助农抗疫,并将盈利捐赠至抗疫一线。启程团队联系其他为疫情作奉献的年轻人志愿者开展携手抗疫活动,设计声音明信片板块,召唤更多的年轻人奉献自己的一份力,展现"00后"的抗疫担当。

1.4 项目技术路线

本项目针对电子交易管理的电子商务平台技术进行方案设计,实现微店和微信可以无缝连接,店铺开在微店,在微信可以通过链接购买产品,可以通过微信公众号进入微店,利用微信这一社交平台真正做到新时代下的新零售社交电商,辅以完善、人性化的客户服务,全面提升项目的公众认知度与美誉度。

1.5 项目特色

本项目从年轻人的特点出发,用全新的电商理念打造更潮、更年轻的水果电商平台。平台上架鲜果、潮果、干果、礼品果、创业"果"五大创意品类,通过选品、物流等优势,直接与各类水果产业基地、企业直接联系,减少中间环节。团队助力企业品牌转型升级,打造年轻化品牌。除此之外,本项目还以21位"00后"设计师为核心,设计了一系列国潮文创产品,为四川当地女性和残障人士提供力所能及的就业岗位。

2 项目分析(创新)

"启程,做有温度的电商平台。"启程平台与客户并非简单的买家与卖家、甲方与乙方的关系。启程平台基于农户与消费者双方诉求,在开拓农产品销路与把控农产品品质的同时,以微信公众号为内核,征集暖心分享,表达积极的人生态度,在平台售出的农产品中添加如"声音明信片"这样的暖心细节,激发消费者共情,以情动人,使启程平台的助农驿站口碑得到更好宣传。此外,启程平台还向特需人群提供心理援助,并将5%的平台销售额捐赠给抗疫一线,助力公益,树立品牌形象,传递品牌温度。

2.1 市场需求分析

在农产品电商发展的大好环境下,仍存在诸多市场盲点,启程团队在进行深入的市场调研之后,主要发现如下需求未得到满足:一是,品牌年轻化转型的迫切需要,市场未能真正抓住年轻人需求。二是,顾客对商家信任的迫切需求,市场仍存在产品质量参差不齐,损害消费者权益的情况。三是农户对电商思维的迫切需求。四是目前存在销售模式改革的需求,市场上存在大量类似的产品,差异化不够明显,未形成核心竞争力。五是,特殊情况下导致的销售受阻问题,受疫情影响,大量农产品滞销,农产品销路受到阻碍。

2.2 市场定位分析

基于产品与服务的特色板块,启程平台将目标客户分为"Z一代"年轻人、农户和各类农业生产基地。

1. "Z一代"年轻人

"Z一代"指的是出生于1995年至2004年的人,主要以"95后""00后"为主,是互联网时代的"原住民"。

根据第45次《中国互联网络发展状况统计报告》数据显示,年轻人在网民群体中占比最高,见图1-1。

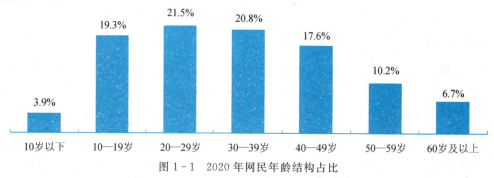

图1-1　2020年网民年龄结构占比

其次,2017年由阿里研究院和波士顿咨询公司(BCG)联合发布的《中国消费新趋势:三大动力塑造中国消费新客体》指出,新世代消费者将成为未来主要消费驱力。从消费金额上看,"90后"消费迅速崛起,同比增长73%,增幅是"70后"的近两倍。可以说,年轻人是网络购物消费的主力军。

年轻人社交范围比较广,通过社交网络和口碑传播可以快速实现裂变效应。年轻人有敢于冒险的特质,注重产品文化内核,同时又有一定的消费水平,愿意购买和尝试新鲜事物。此外,年轻人间正流行"精致穷"的生活态度,在购买产品时会更注重品质,同时,更注重品牌认同感和独特的品牌魅力。

随着中国文化自信的确立,"国潮"正在变成年轻人的文化新宠,越来越多的年轻人将"国潮"作为追求表达自我情怀和文化态度的新形式。据统计,2019年淘宝消费者人均购买非遗、老字号商品超过2件,其中"90后"消费者占比超过七成。以"90后""00后"为代表的"国潮青年"以国为潮,能够体现出自我风格和生活态度,获取一种身份认同和文化认同。

2. 农户和各类农业生产基地

启程平台的另一大特色是为农户和各类农业生产基地制订定制化的营销方案,因此,农户和各类农业生产基地是平台的另一主要目标客户。据统计显示,大部分的农户产业基础运营较差、电商意识较为薄弱,农户表示不会开店更不会营销,可以说缺乏完整专业的电商知识体系,人才引进较难,因而对专业化的人才和符合产品特点的营销方案需求较大。

1.2.3　可行性分析

1. PEST分析

(1)政治环境。

第一,国家政策持续发力。2020年2月,第17个中央一号文件《中共中央 国务院关于抓好"三农"领域重点工作确保如期实现全面小康的意见(2020年1月2日)》正式发布。2020年是脱贫攻坚战、全面建成小康社会的收官之年,电商扶贫仍然将受到社会的重视。电商扶贫的类型、作用将继续增多、增大。2020年丰收节的主题已经确定为"庆丰收、迎小康"。把提高农民收入和奔小康作为重要内容,也是传统农业向现代农业转型升级的必然过程和要求。

其次,网络扶贫日益受到国家和社会各界的重视。2020年3月,国家发改委发布《消费扶贫助力决战决胜脱贫攻坚2020年行动方案》,并指出大力发展农村电子商务,鼓励京东、阿里巴巴、抖音、美团、拼多多、携程等互联网企业继续发挥流量优势,为贫困地区农畜产品和服务搭建网络交易平台。中央网信办等四部门在2020网络扶贫工作要点中指出,电商服务通达所有乡镇,快递服务基本实现乡乡有网点,电商帮扶贫困户增收作用更加明显,信息服务体系更加完善,构建起人人参与的网络扶贫大格局。

第三,农村电商迎来新发展机遇,电商助农大有可为。2020年4月,习近平总书记在陕西省考察时说:"电商,在农副产品的推销方面是非常重要的,是大有可为的。""电商推动乡村振兴是大有可为的"提醒我们一方面要善用新业态,发挥电商等新业态的效用,挖掘电商平台更多的潜力;另一方面要善待新业态,通过更有力的制度安排推动电商平台再上新台阶。

(2)经济环境。

伴随着国民经济的迅猛发展和综合实力的提升,社会服务方式和能力逐渐增强,城乡居民生活质量改进,居民收入大幅提高。据统计,连续8年乡村社会消费品零售总额增幅高于城镇,2019年乡村社会消费品零售总额超过6万亿元,达到6.03万亿元,但是仍然远低于全国城镇社会消费品零售总额的消费额(城镇是35.13万亿元)。

此外,网络零售成为消费增长重要动力。截至2020年3月,我国网络购物用户规模达7.10亿,较2018年底增长16.4%,占网民整体的78.6%。2020年1—2月份,全国实物商品网上零售额同比增长3.0%,实现逆势增长,占社会消费品零售总额的比重为21.5%,比上年同期提高5个百分点。

目前,年轻人已经有了成熟的超前消费意识,信用消费习惯也已经养成,是线上消费的核心人群。同时,根据统计显示,64%的"95后"每天使用电商平台。中国消费主力人群呈现年轻化趋势,"80后""90后"人群的购买力已经成为消费市场的核心动力。

(3)社会环境。

年轻代表着未来,作为互联网时代的"原住民"和网络购物的主力军,年轻群体的生活观和消费观更加个性,展现出重视体验、追求品质、崇尚国潮等特点。同时,除了传统的电商平台外,约三分之一的90后青睐更丰富的社交平台,比如直播类、视频类平台。

疫情期间,在国家倡导和人民自愿自发组织行动下,助农抗疫成为"全民抗疫"。各大电商平台如淘宝,设立专项助农基金,开设专门的助农通道,并依托平台的生态和物流助力农产品销售。多个网红"大V"自发宣传助农产品,微博超话讨论"吃货助农""爱心助农"超6000万次阅读。另外,三亚市市长直播卖杧果、衢州市市长直播卖椪柑也引起社会极大热议和关注,央视主持人朱广权也走进头部网红李佳琦的直播间,带货湖北农产品,官方背书,政府支持。同时,从同理心的角度分析,在购买必需农产品时,消费者会更倾向于价格偏低质量优的助农产品。

(4)技术环境。

水果与电商的结合是未来销售的方向。依托互联网平台,在各大社交平台上如抖音、快手、微博等建立账号,同时根据不同产品、不同目标客户的特点制订定制化的、切实可行的营销方案。

随着互联网时代的发展,网络社交环境日益完善,微信已经成了国内即时通信的领头羊,其日活用户数量高达10亿,已然成了中国用户数量最多的App。启程平台将依托于强大的微信生态,以企业服务号为窗口,搭建集线上商城、品牌故事和互助计划为一体的体系,同时建立专属朋友圈和专属网络品牌形象,全方位打造文化赋能的全新助农平台。

2. 行业竞争环境分析——波特五力模型

(1)供应方议价能力。

一般来说,供方行业如果具有比较稳固的市场地位而不受市场激烈竞争困扰的企业所控制,则会具有比较强大的讨价还价能力。启程平台的供应商主要为农户和各类农业生产基地。其中,各地特色农产品,如苍溪的雪梨,供应商具有一定的市场垄断能力,有较强的议价能力。此外,在制订定制化营销方案的时候,平台通过不同创新模式的选择和碰撞,供应商在相同条件下可选择的替代产品少,其议价能力也会相应降低。

(2)购买方议价能力。

购买方主要通过其压价与要求提供较高的产品或服务质量的能力,来影响行业中现有企业的盈利能力。通常情况下,在启程平台购买水果的方式多为零售,购买量较小,所以启程平台的购买方议价能力不强。

启程平台目前仍未塑造强有力的品牌形象,未在消费者群体中耳熟能详,但是由于启程平台提供营销方案规划等差异化服务,所以农户的议价能力不强。综上所述,购买方对启程平台的产品及服务的议价空间不大。

(3)新进入者的威胁。

新进入者希望在已被现有企业瓜分完毕的市场中赢得一席之地,会给行业带来了额外的生产力,可能降低消费者成本。启程平台作为农产品电商销售市场的新进入者,应在目前的一片蓝海突破重围,集计划、销售、营销服务为一体,发挥自身优势,助力公益,发挥平台优势。由于专业化程度比较高,行业进入的门槛相对较高,来自潜在进入者的威胁较小。

(4)替代品的威胁。

从目前产品的定位来看,启程平台属于帮扶农户销售水果的电商平台,淘宝、拼多多、盒马鲜生等皆可作为其部分功能的替代品。但启程平台又具有提供定制化营销服务、赋予文化价值内涵等其他水果电商所不具备的特点,因此替代品的威胁就目前来看还是可以不着重考虑的。

(5)行业内现有竞争者的威胁。

现有企业之间的竞争常常表现在战略定位、目标用户、产品与服务、缺点、竞争优势等方面,见表1-1。

表1-1 竞争对手分析表

	启程助农驿站	各大电商平台以淘宝为例
战略定位	(1)年轻人的水果电商平台,解锁社交电商、直播带货、品牌年轻化等多种形式 (2)依托平台积累的优势,助农抗疫,拓宽农产品销售渠道,扩大销量 (3)提升农户电商意识,助力扶贫攻坚、乡村振兴	以产品销售为主,扩大销量

续表

	启程助农驿站	各大电商平台以淘宝为例
目标用户	(1)"Z一代"年轻人 (2)农户和各类农业生产基地	18—59岁阶段消费网民
产品与服务	(1)完整的服务号体系,以"遇见启程""优选商城"和"启程说"为核心 (2)产品主要有鲜果、潮果、干果、礼品果和创业果五大品类 (3)精准化营销、校园KOL(key opinion leader,关键意见领袖)营销、活动策划、社交平台推广等 (4)品牌打造年轻化	(1)依托平台强大物流和管理体系,第三方入驻销售水果 (2)拥有专门的淘宝直播平台,与网络红人合作
缺点	(1)成立时间较短,品牌影响力有限 (2)农户对平台不够了解,缺乏一定的信任	(1)农产品质量参差不齐,未得到有效监管 (2)农户审核流程长,程序烦琐 (3)平台品类丰富,入驻商家太多,产品同质化严重,销售需求无法满足
竞争优势	(1)有专业指导老师和顾问,均为电子商务领域资深专家,经验丰富 (2)团队成员立足年轻消费群体,洞察消费趋势 (3)有成熟的高校志愿团队,打造社交电商新趋势 (4)助农抗疫,深挖产品故事,传递品牌温度 (5)拥有专属网络品牌形象,减少距离感,更为亲民	(1)平台影响力大,知名度高 (2)平台日活用户基数大,产品曝光度高

综上所述,启程助农驿站的定位立足年轻群体,同时,目前市场仍缺少年轻化的电商团队定制专属营销方案和打造品牌。启程平台将着眼于帮扶农户,扩大销售,从扶贫到抗疫,助力乡村振兴。

3. SWOT 分析

(1)优势(strengths)。

①专业的营销团队。本项目的指导老师均为电子商务、市场学领域知名专家,指导经验丰富,项目团队还将吸纳相关专业的高校志愿者团队,对农户和各类农业生产基地进行定制化营销方案服务,不断创新,不断融合。

②品牌年轻化。本项目将以品牌年轻化为主线,根据不同的品牌特点,进行包装、营销方案设计等,如进行校园宣传、节日热点营销等将其贯穿销售的全过程。

③产品质量优。本项目的产品将会选择当地具有特色优势的农产品,如云南鲜花、新疆干果等,这些产品的市场认可度高。同时,在选择产品时,项目团队将严格把控质量,在确保产品

质量及品控后,再确定建立合作关系,保障消费者权益。

④销售价格低于市场零售价。启程团队选择直接与农户和各类农业生产基地直接合作联系的方式,缩小传递的节点,减少相关成本,在保证一定利润的前提下,销售价格比现行市场零售价低,可以在平台成立初期快速占领市场。

(2)劣势(weaknesses)。

①品牌知名度低。启程助农驿站成立的时间短,消费者仍会抱有观望的心态;对品牌的认可度不够高,缺乏一定的信任。

②部分客户对营销方式的接受程度低。启程平台中还有一类主要目标客户是需要进行营销方案定制,但是大部分客户的文化水平不高,其对新事物的接受能力比较低,因此推广存在一定的难度。

(3)机遇(opportunities)。

①市场潜力巨大。近年来,年轻人已成为未来消费市场的主力军和新生力量,针对年轻人的水果消费市场巨大。同时,电子商务伴随着移动互联网行业的高速发展而快速增长和兴起。随着乡村振兴战略的发展,我国电商未来将越来越深入农村和内陆地区,因此农产品电商具有较大的发展空间。电商无疑是拓宽农产品销售渠道、扩大销量的最好选择,也是必然的发展趋势。启程团队利用电商以及网络营销帮扶果农销售滞销产品,提供定制化专属营销服务,助力乡村建设发展。

②目前市场仍存在空白。即使电商已经发展近二十年,但品牌年轻化之路较为艰难,并未真正抓住年轻人的需求。同时,大部分农民电商意识薄弱,缺乏对电商的了解。有些农民想要开拓电商平台,但缺乏相关技巧、专业知识,很难得到较好的发展。目前国内缺少针对水果生鲜销售的电商平台搭建及网络营销服务,启程团队抓住市场先机,开拓水果生鲜网络营销专属定制服务。

③品牌推广成本低。启程团队专攻电商平台及网络营销,品牌推广主要集中于线上营销。团队充分利用当下各类新媒体,抓住目标顾客群体特性,在抖音、知乎、微博等多种媒体平台开通账号。团队利用网络社交平台热点话题曝光率高、多方引流等特点进行相应宣传,相对传统线下营销,成本较低。

④国家政策扶持。近年来,电子商务成为推动"互联网+"发展的重要力量和中国新经济的重要组成部分,电商平台在助力农村地区发展、农业现代化和农民的脱贫致富等方面存在的问题提供了有效的解决方案。对比近五年中央一号文件不难看出,中共中央和国务院对电子商务的重视程度在持续提升。得益于政策扶持等多重因素利好的推动下,我国农村电商行业发展十分迅速。

(4)威胁(threats)。

知名电商平台影响力大。多家知名电商平台在疫情期间推出抗疫助农活动,如淘宝、拼多多等。在产品销售方面,淘宝知名度高、品牌影响力大,宣传效果更优。

综合以上分析,提出SWOT战略,见表1-2。

表 1-2 SWOT 战略分析

外部分析	内部分析	
	优势(strengths) 1. 专业的营销团队 2. 品牌年轻化 3. 产品质量优 4. 销售价格低于市场零售价	劣势(weaknesses) 1. 品牌知名度低 2. 部分客户对营销方式的接受程度低
机遇(opportunities) 1. 市场潜力巨大 2. 目前市场仍存在空白 3. 品牌推广成本低 4. 国家政策扶持	SO 战略 充分利用企业专业优势,加强企业品牌建设,快速进入市场并占有一定市场份额,吸引大量用户,为企业发展作好准备	WO 战略 抓住有利机遇,利用新媒体营销等方式,在进入市场的同时塑造企业专业的形象,在行业中脱颖而出
威胁(threats) 知名电商平台影响力大	ST 战略 利用专业的团队,扩充产业链,扩大用户群	WT 战略 将原有产品不断优化,打造明星产品,利用原有产品扩大客户群,增加用户黏性

2.4 其他(云计算与物联网的应用)

用大数据的思维方式,对搜集的数据和信息进行存储分析。首先对搜集到的各种信息数据进行整理,再从中挑选出有效的数据进行市场分析,即地域分析、时间分析、人员分析,从而帮助决策。项目初期建立信息数据库,并在项目执行的过程中不断完善修改,直到有一款适用于自己的数据库。

3 项目设计(创意)

启程助农驿站主要提供鲜果、潮果、干果、礼品果、创业"果"五大品类。

鲜果即时令水果,生活中最常见的水果品类,如苹果、柑橘、草莓等共 62 种时令水果。这些是每个水果电商平台都会有的产品品类,启程平台通过选品与配送两方面的优势打造优质鲜品,从供应端和配送链严格把控水果品质,打破同质化竞争瓶颈。

潮果是在年轻人中间相对流行的水果,例如牛油果、车厘子、榴梿等 24 种水果。启程平台通过校园关键意见领袖联结社交电商,一方面利用关键意见领袖扩大在校园的影响力,提高市场占有率;另一方面校园关键意见领袖在社群组织团购,降低价格成本,快速扩大销量。

干果类目前上架了葡萄干、新疆大红枣等 22 种。启程平台与百草味供货商——吐鲁番枣尔康农业科技开发有限责任公司达成长期合作,为消费者提供品质好、糖分足、营养丰富的干果,让消费者足不出户就能尝到来自新疆的农家自制干果,品尝到原汁原味的新疆味道。

礼品果即团队以各种节日为主题设计的水果礼盒。在崇尚绿色、低碳的当下,越来越多的年轻人选择水果作为一些节日的伴手礼。因此,启程平台除了提供优质鲜果外,还为顾客提供礼品果这一选择。团队在水果品类、果型大小及配色等方面进行了认真搭配,并结合当下热点设计包装,制作了不同种类的水果礼盒,目前平台已设计了 28 款特色主题礼品果。

创业"果"是启程平台签约的"00 后"设计师团队以各种水果为元素设计的文创产品,将四川巴蜀竹文化、彭州白瓷文化与当代潮流完美结合。目前启程平台已上架水果公仔、水果陶瓷杯、创意果篮等16种产品,产品制作由下岗女工完成。启程团队致力于为女性手工创业提供信息化工具,并配套电子商务运营和新媒体营销手段,鼓励居家灵活就业。启程平台目前平均每月销售手工艺品286件,共解决了33名下岗女工的就业困难。

由于固有的品牌形象、传统营销吸引力差等原因,很多企业目前只占据了很少的年轻人市场或仍在探索。年轻人作为互联网"原住民",其消费特点与中老年人差距较大,并难以被传统营销打动,因此内容丰富的年轻化营销成为很多企业的难题。启程团队还为其他品牌提供打造年轻化形象的服务。以五粮液仙林果酒和黄猫垭镇为例,团队为五粮液仙林果酒设计营销方案、产品海报、视频脚本等,使其打入年轻群体;为黄猫垭镇打造猫垭优品,设计产品包装,使其成为苍溪县官方优先推荐品牌、进入政府旅游招待用品采购目录。目前启程平台共为32家企业提供了设计营销方案、打造品牌形象等服务。

3.1 产品形态设计

1. 鲜果

(1)选品。

第一,采用果农产地实拍、云逛果园的方式邀请消费者与团队一同"云监工"。果农按照团队的要求,实时拍摄果园水果视频供团队查看产品质量。消费者也可以点击商品信息查看果园实拍。平台会定期更新视频并邀请消费者进行反馈评价,做到多方位"云监工"。

第二,采购政府推荐优品清单中的优质水果。团队从当地政府推荐的优品清单中挑选优质的水果上架到平台。政府对当地的水果情况了解透彻,他们在选品的时候可以全面宏观把控,对产品的质量和各方面指标比一般人更专业,参考指标更多。在政府选品的基础上,团队可以很快选出优质的产品。

第三,定期进行实地考察。团队与全国各地水果基地供货商达成合作,在上架前,团队会前往合作基地实地考察产品质量(见图1-2),保证平台合作的基地及上架的产品都有信誉保证。

图1-2 团队实地考察选品

(2)配送。

首先,团队与南充市政府推荐的西南地区最大的水果仓储基地——友信龙国际农产品商贸物流中心签署战略合作协议，由该中心供应优质水果并保证全过程冷链运输，见图1-3。其次，针对其他的供货商，启程平台与四川顺丰速运有限公司、中国邮政四川省公司达成战略合作。最后，启程平台与供货企业签署协议，一旦供货方产品质量出现问题，将为消费者进行再次补发或退款赔偿。

图1-3 团队考察友信龙国际农产品商贸物流中心

2. 潮果

潮果是现在正流行于年轻人之间的水果，例如牛油果、车厘子、榴梿等水果。这类水果偏贵，但购买的主力人群仍然是年轻人。这背后体现了年轻人"精致穷"的生活态度，传达了其对生活的热爱和对品质的追求。目前大学生的网络消费力度不容小觑，团队设计了一份关于水果电商的问卷调查，结果显示91.2%年轻人的购买过或愿意购买牛油果、车厘子等水果的倾向，而43%的年轻人有定期购买的需求。而目前这类水果的优质产品主要在进口超市、大型超市等，价格偏贵，因此，这类水果市场仍存在市场潜力。

启程创立团队成员均为大学本科在读生，并来自不同省份，同学人脉资源广泛，因此团队设计了校园KOL营销的社交电商方案。团队逐步推广校园社群，见图1-4，目前已经在全国5个省份，12个城市，34所大学设立了分销点，超过100位校园KOL负责本校内的产品宣传推广。团队会根据地区对校园KOL进行分组培训，建立校园群，定期组织抽奖活动，并在大型节日、校庆等活动中设立线下站点进行宣传；定期统计各地区校区的宣传效果、销量比例，给予校园KOL分红奖励。

以启程平台的成都理工大学站点为例，该站点负责人为盘州市大学生联谊会成都分会会长，成都理工大学绘画协会会长，她通过校友圈裂变宣传，形成一定人数规模具有社交属性的校园社群。团队会定期在社群中发送团购链接、提供专属团购优惠，进行分享宣传，设置限时抢购。这种营销方式的效果较好，单个社群平均月团购参与人数134人。

图1-4 社群团购截图

3. 干果

启程平台上架的第三大品类为特色干果,团队结合当下节日热点并根据各类农产品特点策划不同的活动进行营销,并在朋友圈、微博、抖音、快手等各大热门社交网站进行宣传推广。以年轻人喜欢的热点节日"520"为例,团队策划了"520'程'心对你|我想和你谈一场云恋爱"活动(见图1-5)。团队推出了活动专属特色干果——葡萄干、新疆大红枣等,为其设计精美海报,并用谐音的方式赋予每类产品一个与节日相关的标语,如新疆特供红枣"我想枣点见到你"、特色葡萄干"你向葡萄一样甜"等(见图1-6)。团队以微信推送、朋友圈推广、微博抽奖等方式进行宣传(见图1-7),引流宣传效果较好,活动当天阅读量达5.6万,微信公众号关注人数增加1200人,营业额高达31835元。

图1-5 微信推送预览

图1-6 特色干果海报

图1-7 微信推送部分正文截图

4. 礼品果

目前平台已设计28款特色主题礼品果,以星座系列活动为例,平台签约的设计师团队精心设计"星月の幻想"十二星座水果礼盒,并设计专属文案:"每个人身上都有一个属于自己的符号,无论如何请保持自己独特的个性,因为说不定你就是那个被神选中的孩子,拥有足以撼动宇宙的神秘力量!"这一设计灵感源于每个星座的图腾都是独一无二的,因此设计师在包装上加入星座图腾设计,并选择用网络上比较流行的语句作为每个星座的个性自白,将星座个性化的元素加以强调、突出。除此之外,设计师根据每个星座各自的特点加入其他元素符号,使之神秘具有现代感,实现十二星座和水果的完美融合。

临近七夕,平台限时发售520套限量版十二星座水果礼盒(见图1-8),会员可享1元优惠价在公众号的优选商城进行预定,数量有限,抢完为止。

5. 创业"果"

据统计,中国近几年结构调整和企业关停并转而产生的下岗失业职工中,女性占60%以上,由于很多下岗女性的文化程度普遍不高,年龄又相对较大,又需要照顾家庭,不适合参与固定、正式的工作,这严重导致了下岗女性的就业困难。

根据年轻人喜爱国潮的特点,启程团队设计了带有水果元素的文创产品,将四川巴蜀竹文

图1-8 七夕限定礼盒

化、彭州白瓷文化与当代潮流完美结合。启程团队精心打造"00后"原创设计师团队,项目团队成员王宜欣担任设计总监,与平台签约的12位兼职设计师共同合作,设计了水果公仔、水果陶瓷杯、创意果篮等手工原创产品(见图1-9)。

图1-9 部分创业"果"展示

启程团队将居家灵活就业女性的手工原创产品上传到平台专栏,与启程新媒体矩阵运营推广同步配合。

3.2 经营模式设计

1. 水果产品销售

启程平台从选品、包装设计、销售、配送多个环节严格把控产品质量,提高复购率。启程助农团队和果农直接对接,减少中间环节,提升利润空间。在启程的多个平台商店上架农产品进行销售,如微店、抖音快手橱窗等,启程团队同时负责产品推广、店铺宣传营销,以及售后服务,果农只需负责产品打包发货。平台目前合作销售过重庆忠县柑橘、重庆奉节脐橙、山东山楂、新疆干果、四川苍溪猕猴桃和枇杷、广东增城荔枝、广西杧果、海南山竹和榴梿、福建龙眼等,帮助了来自不同省份城市的果农解决农产品滞销问题。所有平台商店销售额总和10%~20%作为团队利润。同时在疫情期间,启程团队敢于承担年轻人的社会责任,助农抗疫,将团队利润全部捐给抗疫一线。

2. 品牌打造独特化

启程团队根据对接的农产品性质特点的差异而设计、包装年轻化品牌,保证产品的销量。以百草味供货商——吐鲁番枣尔康农业科技开发有限责任公司的葡萄干、红枣等干果为例,虽然该公司的产品质量较好,但一直没有打开年轻人的消费渠道。团队抓住年轻人注重仪式感的消费心理,策划情人节系列活动,以520为例,策划"我想和你谈一场云恋爱"活动,为新疆干果设计包装和宣传海报"我想枣点见到你"等,使其成为平台上销售最好的爆品。在七夕节前,团队举办了七夕十二星座限量礼盒预售活动,销售成绩喜人。团队在不同社交平台建立账号进行联动宣传,团队成员使用多个社交账号转发进行引流,并且与网络关键意见领袖进行合作策划抽奖等活动。启程团队还会根据不同品牌特点进行个性化品牌孵化方案设计,收取一定比例的费用(见表1-3)。

表1-3 品牌孵化方案收费

孵化方案		具体收费标准/元
品牌VI设计	产品包装设计	2000~4000
	海报制作	1000~3000
品牌营销	新媒体内容运营	1500~4500
	短视频制作	2500~3500
	热点活动定制	3000~5000

(1)巾帼创业。

当代年轻人文化自信程度逐渐提升,越来越支持国货,崇尚国潮。因此,启程团队以团队设计总监王宜欣为核心,吸引了一大批"00后"创意设计师,文化赋能,将潮流元素与四川本地的巴蜀竹文化、彭州白瓷等文化完美融合,设计了启程平台上架的特殊产品——创业"果",并在其中收取一定比例的销售费用。同时,启程平台主打的"巾帼创业"活动还为四川当地女性和残障人士提供了居家灵活就业的岗位。

(2)虚拟网络形象周边产品生产,设计上线表情包。

启程团队致力于将启程助农驿站打造为有情感、有温度的营销品牌,因此团队设计了自身的虚拟网络形象,并联系工厂生产了与该形象相关的周边产品,如手机壳、懒人支架、玩偶等,以会员制积分换购的形式进行销售。同时在微信上线虚拟网络形象表情包"宇宙网红橙小呆",加深品牌影响力,相应的表情包打赏、品牌冠名、包装设计等作为团队收入。

3. 企业合作

启程团队通过严格的选品和实地考察,精选了多家具有地方特色优势的水果产业基地,并与其达成长期合作,减少了一级、二级代理环节,采用直销提高利润空间和市场话语权。启程平台目前最主要的供货方为西南地区最大的水果仓储基地——友信龙国际农产品商贸物流中心。

启程团队同时也依托年轻团队的优势,洞察年轻人消费心理,助力其他企业转型,打造年轻化品牌,并收取一定的品牌孵化方案费用。

此外,启程团队还与广州悦农湾农产品有限公司、四川省黄猫垭农业生物科技发展有限公司、南宁《金牌帮女郎》栏目、两当秦南有机农业开发有限公司、吐鲁番市高昌郡酒庄有限公司、百草味供货商——吐鲁番枣尔康农业科技开发有限责任公司、灵山县那隆镇财彬果苗场、四川省宜宾五粮液集团仙林果酒有限责任公司、广州市增城东林果业园、阳信马氏果业有限公司等107家企业签署了水果销售协议,并为其中32个企业打造年轻化品牌。

3.3 技术方案设计

项目团队针对电子交易管理的平台技术设计了对接方案。电子商务系统是以服务产品销售为目标的,项目团队通过设计实现了微店和微信的无缝连接:店铺开在微店,在微信可以通过链接购买产品,也可以通过微信公众号进入微店。利用微信这一社交平台真正做到了新时代下的新零售社交电商。项目平台以电商平台销售方式迅速占领、扩大产品市场占有率,并辅以完善、人性化的客户服务,全面提升平台的公众认知度与美誉度。

3.4 组织机制设计

本项目采取金字塔组织结构。人员分为管理层、平台运作、技术骨干、云员工,人员数量逐级增多。企业采用董事会下CEO负责制,下设计部、技术部、产品部、信息部、财务部五大部门。其中产品部负责供应链管理,与各个商家基地进行沟通交流,商谈价格;设计部负责对产品包装、宣传海报、商业计划书等进行设计;信息部主要负责产品信息收集、市场调研,协助CEO完成一些具体事务;技术部负责销售平台之间的联系和搭建,负责交易平台的安全维护,保证交易活动安全正常进行,各级代理顺利分销产品。

3.5 财务管理设计

1. 投资计划

启程水果电商平台在目前的市场中已经取得了一定的成绩。在新的发展战略下,启程项目获得了深圳虎鲸创投公司天使轮融资100万元,用于项目平台的建设和对外合作。

2. 成本来源

项目平台运营成本构成除了平台建设、技术支出及其维护等成本外,随着网站的发展,主要的成本包括技术人员的引进和薪酬、合作商的公关费用和品牌的宣传费用。

3. 项目收入概述

本项目的预计现金流入如表1-4所示,进而可以得出预计净收入表,见表1-5。

表1-4　两年主要收入明细表　（单位：万元）

会计年份	2019年	2020年
水果销售	73	166
品牌打造	21	59
合计	94	225

表1-5　预计净收入　（单位：万元）

年份	2019年	2020年
年收入	94	225
运营成本	90	130
净收入	4	95

3.6 风险控制设计

1. 市场风险

随着快手、抖音等短视频平台的成熟，越来越多的淘宝商家以及果农投身到短视频运营，通过短视频赚取流量开启直播带货。项目团队作为一级代理，其价格比直播销售更高，相比其他果农并没有价格优势，市场竞争力不大。现在就连一些政府官员都亲自直播带货，这样天然的优势是一般团队无法拥有的。所以本项目的销售方式和短视频运营方式必须比别人更新颖、更有吸引力，才能赚取流量。

2. 安全风险

某些特殊体质的人会对某些农产品过敏，如果误食可能会造成过敏甚至死亡，将会造成严重的后果。一旦发生此类事件，企业将有不可推脱的责任，必将给企业带来严重的经济和名誉损失。产品审核人员一定严格把控农产品质量关口，严格审核农户是否有食品检测合格证明，杜绝销售易导致人群过敏或者易造成其他伤害的农产品。

3. 管理风险

由于本项目为大学生创业，故管理层大多为在校大学生，在项目管理、运营方面缺乏实战经验，增大了决策失误的风险。我们的竞争对手可能会利用企业招募新人的方式潜入企业，或利用不正当的方式收买企业网络管理人员，窃取企业的用户识别码、密码、传递方式以及相关的机密文件资料。并且随着后面代理商的增加，管理方面的混乱程度可能会加剧。由于管理层工作经验不足，增大了决策失误的风险。组织内部没有建立完善的相关管理制度，工作人员专业知识培训不到位。

4. 技术风险

团队成员是非计算机专业，当搭建的小程序出现技术问题时可能解决不了，由此造成经济损失。更严重的是，如果网络安全措施做得不够完善，不法分子可能有可乘之机，从而造成账号被盗的情况。还有，技术人员的流失导致产品无法进入后期的维护、升级。技术方面所需完成服务难度的不确定导致所需花费成本的不确定性。

5. 政策风险

从本项目公司创立来看，公司面临一般企业共有的政策风险，包括国家宏观调控政策、财政货币政策、税收政策，可能对项目今后的运作产生一定影响。项目公司将在国家各项经济政策和产业政策的指导下，汇聚各方信息，提炼最佳方案，合理确定公司发展目标和战略规划。

6. 财务风险

本项目发展具有持续向好的趋势，市场潜力大，越来越多的果农为企业提供货源。对于果农来说，我们是陌生的，基本无法建立绝对的信任。为了防止诈骗，很多农户都要求先打款，再发货。企业组成人员都是在校大学生，没有足够的资金，当销售量大到一定数量时，企业根本无法承受巨大的货款。并且，公司目前的各种盈利指标显示公司在未来的经营过程中盈利能力较好，但如果市场急剧变化，公司的资金回收还会有一定的风险。

4 项目建设（创业）

4.1 组织结构建设

启程团队以"00后"群体为主，成员各有所长，实现了不同专业的结合，同时团队还将吸纳相关专业的高校志愿者团队，对农户和各类农业生产基地进行定制化营销方案服务，不断创新，不断融合。特别是在新冠疫情期间，我们发现有很多年轻朋友在选择下单的同时还帮我们热情转发宣传，自愿加入助农抗疫的行列中，在经过专业人员的指导后，平台吸纳了部分优秀用户成为我们的"云员工"，尽可能地解决部分地区的水果滞销问题。

4.2 技术支持建设

项目平台将依托强大的微信生态，以企业服务号为窗口，搭建集线上商城、品牌故事和互助计划为一体的体系，同时建立专属朋友圈和专属网络形象，全方位打造文化赋能的全新助农平台。依托互联网平台，团队在各大社交平台建立了账号，同时根据不同产品、目标客户的特点制订了定制化、切实可行的营销方案。

4.3 网络营销建设

平台推广以线上推广为主，线下推广为辅。项目的线上营销可以分为以下几个方面。

（1）基于微信公众号的宣传。公众号设有"优选商城"板块，方便目标客户在微信终端购买心仪的农产品，并根据特定节日、实事热点以及顾客投稿的故事调整微信推送内容，采用转发抽奖的方式吸引客户。

（2）基于快手、抖音等短视频App的宣传。我们通过时下最热门的各大短视频平台如抖音、快手，建立专门的账号，开通商品橱窗，拍摄诙谐幽默的短视频，把产品营销巧妙地融合进去，打造粉丝经济。

（3）基于微博的互动与宣传。借助名人效应，利用覆盖粉丝与目标群体高度匹配的网络红人、段子手、草根达人等不同细分领域的优质微博推广资源，为平台带来优质、快速的传播效果。

（4）基于网络直播的宣传。启程团队与多位网络红人进行合作，多次开展线上直播带货，大大促进了滞销的水果等商品的销售。

在疫情期间，启程的营销战略核心就是以助农抗疫、合作共赢的理念，帮助滞销果农设计多元定制化营销方案，让会员以最低的价格方便快捷地购买到高品质的农副产品，同时满足人们的心理需求，致力将启程平台打造成一个有温度的电商平台。

5 项目运行与维护

5.1 运行与维护过程

启程团队在建立微店后,即在各大社交平台建立账号,并搭建了微信公众号,完善了服务体系。

1. 品类管理

截至目前,启程线上商城销售了包括重庆忠县柑橘、山东山楂、新疆干果、湖北恩施富硒茶、甘肃陇南蜂蜜、四川苍溪红心猕猴桃、广东增城荔枝、广西杧果等152种产品,产品覆盖20个省份。所有货源都经过团队质量考察审核,在确保农产品质量达到品控要求后才确定建立合作关系。

2. 新媒体运营

启程助农驿站公众号已经正式运营,线上商城、品牌故事、社交等多种功能已经实现。公众号同时连接微店,用户可以选择进入微店或者直接在公众号线上商城选购各类农产品。目前公众号的果农线上求助帮扶、用户会员制积分换购、不定期抽奖营销活动推送等功能也已经投入运营。通过公众号,用户可以更便捷地享受各种服务,低价购买优质农产品的同时为抗疫一线奉献爱心。并且,启程平台还设置了社交板块,帮助需要的人疏导心理问题。此外启程团队充分利用当下各类新媒体,抓住目标顾客群体特性,进行了相对应的宣传。

3. 客户管理

启程项目采取会员制形式,购买平台产品后自动升级为启程会员。团队设计了用户反馈调查问卷,与所有会员都进行了一对一售后服务,以此不断改进我们的产品和服务。

5.2 运行与维护效果

1. 市场影响

以微博为例,团队在微博积极引流宣传,与34所高校的100多位网络KOL达成合作,微博阅读量总计达20万,并吸引了大量粉丝。2020年1月至2020年8月,平台会员数增加了8000多,粉丝增加了20多万。此外,团队还与五粮液集团等达成了营销方案合作协议。

2. 运营业绩

启程助农驿站经营状态良好,上架农产品种类繁多,价廉质优,好评率达98.86%,信用度高,销售量可观,收藏量达近3.5万。微店上架五大类产品,150多种优质产品,销售额达166万元。

3. 社会与经济效益

启程项目在2020年3月中旬被西南交通大学官方媒体报道表扬,并被四川多家官方媒体转发赞扬,如成都共青团、成都高校新鲜事、视成都等。在启程团队的努力下,本项目带动了重庆忠县、广元苍溪县、重庆奉节县、广州增城区、台州仙居县等地的就业,包括采摘岗、分拣岗、本项目包装岗、物流岗等;联合苍溪县黄猫垭镇打造"猫垭优品",获得黄猫垭商会联名认证、黄猫垭官方地域认证、苍溪县官方优先推荐品牌,并进入政府旅游招待用品采购目录。同时,本项目平台与32个品牌达成了合作。

6 分析与评价

6.1 指导老师点评

启程团队是一只厚积薄发的队伍，我一路看着他们成长起来。从刚开始的定位不够明晰，到最后不断尝试不断失败后选择的专注"00后"年轻消费群体的营销设计与消费品类优化，可以说目前这一领域的市场仍是一片蓝海，突出重围的可能性很大。

启程团队从提出想法、撰写创业计划书、落地实践到准备路演，都让我看到了年轻一代的潜力与无限可能。从一个想法的萌生，到做出切合实际、可实施的计划书，这中间的过程对于一个团队以及其成员是一个锻炼的过程，更是一个团队之间的配合与优势互补。

这么多年教学与比赛的实践，"三创赛"让我更加理解了社会责任的意义。2020年特殊的疫情，"三创赛"更是专门设计了助农抗疫的赛道。我与学生们在疫情期间并肩作战，为每一份水果背后的"心酸"而奋战，并响应"三创赛"的号召，将部分所得捐赠至一线。我想，这也是未来我们和学生们需要去思考、去践行创业的社会价值，为社会添福祉。

6.2 专家评析

启程是一支年轻充满活力的创业团队，基于以"00后"为代表的年轻群体视角寻求创新，打造"Z一代"水果电商平台，助力企业品牌转型升级。该项目内涵丰富，凸显了鲜明的创新性和创意性；策划文案流畅，清晰呈现了项目的运行成果和团队的成长历程。一群"00后"年轻学子用自己的所学助农、抗疫、扶贫的奋斗历程跃然纸上，有温度、有情怀、有激情，充分彰显了新时代大学生的社会责任感和使命担当！

评阅人：彭丽芳（厦门大学教授、教育部电子商务类专业教学指导委员会副主任、"三创赛"竞组委仲裁组组长）

马莉婷（福建江夏学院教授、电子商务系主任）

案例二　地域文脉旅游创意服务

获奖情况：第十届"三创赛"特等奖
参赛团队：太原理工大学　天工晋选
参赛组长：宋田博
参赛队员：张　强　伍超逸　安昊帅　柴雪倩
指导教师：刘东霞　温芝龙
关键词：旅游品牌形象设计　地域文脉　数字修复　山西

案例视频

摘要：天工晋选团队成立于2018年11月，作为服务山西旅游景区转型升级的大学生自主创业团队，团队的核心竞争力在于将多学科交叉优势融入景区的全过程策划设计，用年轻的思维精心凝练景区的文化内涵，做好景区的品牌形象设计与推广工作。在此过程中，团队积累了丰富的景区品牌形象设计与管理经验，业务涵盖了品牌塑造、IP设计、文创产品开发、视频宣传等多个层面，为客户提供了全方位的品牌推广与咨询解决方案。

天工晋选团队秉承"匠心造物、技术赋能"的理念，精选山西的人文盛景，创造地域文化新供给，挖掘工业遗存新场景，培育环保文创新生态。团队依托自主完成的无人机倾斜摄影测量、数字虚拟修复等数据、信息基础，打造山西全域旅游大数据平台，让文物和场景穿越历史长河得以数字化再现，把创意系统性地植入地域文脉的整体语境中。

1　项目简介

1.1　项目背景

1. 政策层面

文化发展是山西省转型跨越发展的重要内容，全域旅游产业是深入实施文化强省战略的新引擎、新支柱。因此，在塑造和展示山西文化、提升"晋"字品牌知名度的大前提下，再加上新冠疫情后无法更多地依靠旅游服务质量竞争的现实情况下，旅游品牌的形象传播就更加迫在眉睫，它将成为增强市场竞争力的核心。

2015年国家首次提出"全域旅游"的概念，2018年文化部与国家旅游局合并。这些都标志着文化和旅游业进入了文旅融合发展的新时代，如何更好地推动文化和旅游的深度融合与协同发展，让文旅产业走向更有诗意的远方，是需要深入探究和思考的重要命题。

2. 存在问题

山西旅游资源丰富，形式多样，古今兼备，然而山西的旅游业发展在国内一直处于中下游位置，与自身得天独厚的资源优势极为不符。总结来看，其主要问题归根于品牌形象缺失、旅游体验碎片化、游览方式陈旧、宣传手段与现代科技脱节等方面。除此之外，还有各景区理念不统一，思路不清晰，无法标准化地传播企业理念和精神内涵。某些景区在不同阶段，由不同团队做了发散式、碎片化的策划与设计,无法塑造企业整体标准化的品牌形象,未形成自己独有的、统一的企业识别形象。旅游形象视觉识别系统模糊,首先会导致在当下信息消费的时代无法与世界有效沟通、有效传播,使景区发展受到极大的限制;其次会使游客混淆视觉印象,影响游客的信任度。

1.2 项目社会经济意义

本项目从文旅融合的视角,在理清历史文化背景的基础上,运用多学科交叉的专业优势讲好山西故事,提升山西旅游产品的品质。本项目特别重视历史地理、文明源头、民俗风情等方面文化与旅游的深度融合,对山西的文旅融合发展具有极大的推动意义。

山西省旅游开发潜力巨大,如果对旅游景区有效开发和运营,可以有效推动经济增长和就业问题的解决。天工晋选团队就是要将多学科交叉优势融入景区的全案策划设计,运用系统性创意理念,将创意置于地域文脉的整体语境中,将旅游景区视为地域文脉的场景化呈现,由此促进历史文化的创造性转化和创新性发展,助推传统旅游景区文化发展,促进传统旅游景区文化服务升级,加快现代公共文化服务体系建设。

1.3 项目目标与近期效果

本项目的目标为:全案策划凝练地域特色,文脉铸魂促进服务增值,技术赋能强化旅游体验。天工晋选团队未来的目标是成为以地域文脉旅游为基础的、国内最专业、最具竞争力的、为景区提供全案策划设计服务及电商平台的高水平精品团队。目前团队正向以下方面发展,即全案策划凝练地域特色、文脉铸魂促进服务增值、技术赋能强化旅游体验。

1.4 项目主要内容

山西省面临产业升级,而旅游产业得天独厚,可以成为新增长点。文化旅游景区需要设计与推广,这样可以将景区保留的自然景观、优秀文化与历史遗存传播发扬出去,最大化地实现景区的价值。天工晋选团队就是在这样的背景下建立全案策划的高水平团队,专注于山西文化旅游景区的IP孵化、品牌推广,为景区提供全案策划设计服务,并通过互联网新的模式和技术以及设备,搭建网络平台。

在项目的网络平台上,团队已经上传了大量已完成项目策划设计的图片、视频,以此宣传天工晋选团队的策划理念、服务模式、设计水平及产品特色。在为景区做好全案策划的同时,团队也提升了知名度。

此外,本项目团队也希望通过项目平台招募一定数量的大学生第三方设计团队,为其提供创新、创意渠道。但前提是必须申请加盟为天工晋选的设计师,接受天工晋选的指导思想,通过标准化的培训,形成统一的设计理念与目标,在天工晋选严格的质量管控下进行设计服务。这样,本项目在为大学生提供施展才华平台的同时,也增加了本团队的创新、创意力量。

1.5 项目特色

(1)先进的景区全域设计理念。

什么是地域文脉?所谓地域文脉,是不同区域物质财富和精神财富的总和,是因文化的历史主线而生的特色文化。地域文脉是旅游文化景区开发的核心支撑,而天工晋选团队旨在挖掘不同地域的特色文化,发现其差异,针对其特色文化对当地旅游文化景区进行品牌形象的塑造(见图 2-1),在提高大众审美的同时,传播、发扬地域特色文化。

本项目团队将旅游景区视为地域文脉的场景进行呈现,由此促进历史文化的创造性转化和创新性发展。本项目可以助推传统旅游景区文化发展,促进传统旅游景区文化服务升级,加快现代公共文化服务体系建设,将创意置于地域文脉的整体语境中,实现"系统性创意"。

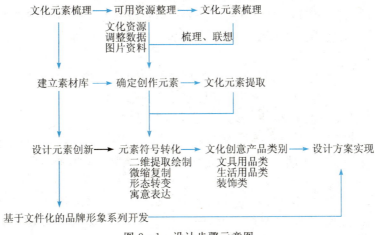

图 2-1 设计步骤示意图

(2)高水平的设计团队。

本项目团队是由视觉传达设计专业、数字媒体艺术专业、数据科学与大数据技术等多学科交叉优势的人员组成,能融入景区的全案策划设计,用年轻人的思维精心凝练景区的文化内涵,做好景区的品牌形象设计与推广工作。而且本项目团队已经积累了丰富的景区品牌形象设计与管理经验,业务涵盖品牌塑造、IP 孵化设计、文创产品开发、视频宣传等多个层面,为客户提供全方位品牌推广与咨询解决方案服务。

(3)艺术遗产数字化。

目前,许多艺术文化遗产的存在环境受到严重威胁,有些艺术文化遗产已经消失或濒临消失。因此,天工晋选技术团队利用数字修复技术,将科研与设计相结合,对涉及艺术文化遗产的景区进行艺术文化遗产还原保护和传承。对艺术文化遗产的传播交流而言,数字化保护相对于传统的艺术遗产保护,更能起到扩大和辐射作用,还可以将艺术文化遗产传播的内容从表面化、模式化、边缘化向深度推广。本项目提供的数字化平台可以让人们足不出户,就可目睹艺术遗产的全貌,且不受时间、地点、财力、体力等条件限制,这使艺术文化遗产变得更加容易接近,成为真正的大众文化遗产。

(4)无人机倾斜摄影技术。

项目团队与山西迪奥普科技有限公司合作利用空间大数据,通过无人机倾斜摄影技术对山西全域地理地貌进行了 3 厘米高分辨率的建模,结合三维数字化文物修复技术构建了山西文化旅游仿真系统,为景区之间旅游资源的综合利用与合理规划打下了坚实基础。天工晋选团队利用无人机航拍摄影,用计算机对景区图像信息进行了处理,并按照一定精度要求制作成图像,打造了山西全域旅游大数据平台,让文物和场景穿越历史长河得以数字化再现,把系统性创意植入地域文脉的整体语境中。这样的艺术遗产数字化不仅适应了国家文化建设发展的需要,同时促进了地域文化的发展。

2 项目分析（创新）

2.1 市场需求分析

随着信息科技的发展，传统的文化传播产业逐渐淡出历史舞台，新一代青年在不断学习和运用网络信息技术的同时也以惊人的速度遗忘了属于自己的文化和历史。而目前景点文化的传播形式单一，宣传模式急需转型。

山西省艺术文化遗产众多，但几乎都没有形成品牌效应。对艺术文化遗产存在的内涵表达不好，文化遗产也就难以推广。全球各地的旅游景区都在打造个性独特而吸引游客的环境与形象，这不仅是为了争取游客，也是为了打造自身的品牌形象。而这个"形象"中最早与游客见面、最能直接对外传播的就是品牌形象的视觉识别。但从目前来看，山西省的艺术文化遗产在品牌形象设计与宣传方面明显不够重视。在一些5A级景区也很难见到可以识别的视觉识别形象。

以五台山为例，与五台山并称四大佛教名山的浙江普陀山（见图2-2）、安徽九华山（见图2-3至图2-5）、四川峨眉山（见图2-6、图2-7）在品牌形象视觉识别的设计与推广上则更为专业。虽然有的品牌形象视觉识别系统并不完整，但均有明确的、统一的、固定的Logo设计，并将Logo形象应用与各种对外宣传统一起来，这样给人统一的视觉形象。规范的视觉识别系统在景区也是一种重要文化，它不仅能够以协调一致的感觉与景区相互融合，还是传播的重要手段。五台山旅游优势明显，不仅有观光旅游与文化旅游相结合的特色，并且申遗成功后可以与世界旅游业发展接轨，作为我国的重要景区更应该充分发挥其资源优势，并利用良好的传播渠道展示出来。

图2-2 普陀山应用系统

图2-3 九华山标志设计

图2-4 九华山标志其他机构应用

图2-5 九华山景区形象系统应用

图2-6 峨眉山标志应用系统

图2-7 峨眉山标志的产品应用

2.2 市场定位分析

鉴于目前山西文化旅游景区的困境，景区对品牌形象设计重要性认识不足，本项目团队特建立天工晋选地域文脉旅游创意服务网站为山西旅游景区发展解决这一问题。本项目网站致力于提供旅游景区品牌形象设计与推广服务,解决各旅游景区存在的各类宣传推广问题,提供给旅游景区更为细致的设计服务。

2.3 可行性分析

(1)市场需求量大。根据统计数据显示,2019年山西省的旅游总收入高达8026.92亿元,并且每年的旅游收入呈递增状态(见图2-8)。这说明游客的购买欲望和购买力还是有的。目前,旅游景区的服务较为单一,许多景区也正在寻找新的设计团队为景区打造全方位的品牌形象设计与推广。

(2)技术成熟。本团队内拥有技术娴熟的视觉传达设计人员、数字媒体设计人员、信息与大数据技术人员,并且依托学校完善的硬件设备支持,可以迅速搭建线上交互平台。并且本团队中也有对地域文脉和品牌形象设计行业十分熟悉的相关从业人员进行指导。

(3)人文情怀。相信每个人对自己的家乡都有着特殊的情感,尤其是在外读书多年的学子,更是对家乡有着浓浓的思念。若是能让设计师为自己家乡的旅游景区设计品牌形象,以其自身的专业知识,再加上对当地民俗、文化等各方面情况比较了解。因此,天工晋选地域文脉创意服务应运而生。

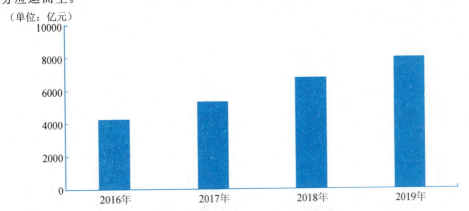

图2-8 近年山西旅游总收入数据图

2.4 SWOT分析

本项目的SWOT分析见表2-1。

表2-1 SWOT分析表

优势(strengths)	劣势(weaknesses)
1.全新的经营模式,集地域旅游景区文化、品牌形象设计和推广于一体 2.提供个性化的旅游IP设计 3.与线下经营相比,经营成本较低 4.网站经营范围全面,设计品质高,富有特色 5.交易方式便捷	1.设备缺乏,资金短缺 2.与旅游景区、设计团队之间的议价能力有待提高 3.人力资源有限

续表

机会（opportunities）	风险（threats）
1. 受疫情影响带动了线上旅游业的发展，景区线上旅游的品牌形象设计与推广市场广阔 2. 国家对中小微企业的政策扶持使经济和社会环境有了明显改善 3. 国家对文化创意产业、旅游业的政策扶持力度加大 4. 消费者对网络媒体需求增加 5. 人们对新兴经济的追捧	1. 网络平台的信誉度偏低，客户满意度不高 2. 存在统一监管的政策漏洞 3. 外聘设计团队的作品原创性难以保证，可能存在盗版问题

2.5 电商行业发展分析

表2-2列出了4种国内电子商务代表性企业或形式，并简单分析了其优劣势。

表2-2　电商行业情况分析

类型	代表性企业	优势	劣势
企业与企业之间（B2B）	阿里巴巴	中介费较低，网上开店免费，海量的信息流	交易信息真实度不高，诚信体系尚未建立
消费者与企业之间（C2B）	小米手机、戴尔电脑	订单式生产，无库存压力	市场需求波动大，难以保证稳定的产能
线上线下联动（O2O）	苏宁、饿了么	实现消费者、线下商家和服务提供商三者之间的"三赢"	口碑差，难以规模化发展
消费者直连制造商（C2M）	薇娅、李佳琦直播间带货	消费者直连工厂，省去中间流通加价环节，为消费者提供"大牌品质，工厂价格"的商品	由消费者发起生产行为，导致订单的零散性

2.6 竞品分析及竞争优势

1. 竞争者分析

地域文脉旅游创意服务项目是围绕地域景区品牌形象设计展开的全方位文化设计服务，小到景区门票设计，大到景区理念与策划，都属于我们的创意服务。因此，我们的同类竞品主要也是文化性的创意品牌。对此关键词在浏览器中进行搜索，根据粉丝数量和相关性综合筛选出以下竞争者，即东道品牌创意集团、正邦集团、靳刘高设计（深圳）有限公司、UCI联合创智设计顾问公司，竞争者分析见表2-3。

表 2-3 竞争者分析表

公司名称	公司简介	优点	缺点
东道品牌创意集团	该公司成立于 20 世纪 90 年代,至今已发展成为中国颇具规模和影响力的综合性品牌战略咨询和设计公司。不同于管理咨询公司和单纯的设计公司,东道专注于为客户创造和管理品牌,提供从品牌资产研究、市场洞察、品牌机会分析、品牌战略、品牌组合规划、命名和语词创作、设计(包括品牌识别设计、环境空间导示设计、包装设计、网络设计)到内部品牌导入、品牌管理制度建设的综合性服务,以提升客户在海内外的品牌影响力。东道总部设在北京,东道的客户均为各个行业的领导品牌,涵盖从 B2B 到 B2C 的不同领域	品牌形象设计大公司,资历深,业务范围广泛,设计团队庞大,合作客户均为大品牌企业	收费较高
正邦集团	该公司成立于 1996 年,是中国品牌标准制定者,全国品牌评价标准化技术委员会委员。正邦被国家新闻出版总署授予"十大中国著作权人"。正邦已荣获包括德国红点和 IF 设计大奖、美国国际设计大奖及中国红星奖在内的 200 多个奖项	资深设计公司,获奖种类多而广	收费较高
靳刘高设计(深圳)有限公司	该公司前身为靳与刘设计顾问,经过近 40 年的发展,现在香港、深圳、北京设有公司,业务遍布全国,服务超过 200 多个国内外的客户,在业界获奖无数。该公司以国际的视野与本土的经验,结合文化与商业,引领着中国的品牌设计。2013 年正式更名为靳刘高设计,印证三代人的同心协力,传承创意,与时俱进,致力创造国际水平的中国设计	设计风格新颖	设计种类较少
UCI 联合创智设计顾问公司	该公司专注为客户创造和管理品牌,提供从品牌战略、品牌设计(包括品牌 VI 设计、标识导示设计、包装设计、网络设计与推广)到内部品牌导入、品牌管理与执行,以提升客户在海内外的品牌影响力。多年来,该公司坚持以"打造原创品牌设计机构"为企业目标,使其成为国内知名的本土品牌设计机构	核心业务明确	设计作品较少

通过以上四家国内知名品牌形象设计公司的对比分析,我们发现,它们都有自己擅长的设计领域和设计风格,尤其是前面两家,很多我们熟知的品牌形象都是出自它们笔下。但是,这四家公司涉及旅游文化景区的作品案例却少之又少。而近些年,随着中国越来越面向国际化

的发展,提高国家文化软实力迫在眉睫。此时,品牌形象的塑造显得尤为重要,这也是天工晋选团队成立的初衷。

2. 竞争优势

本项目平台由在校大学生团队打造,我们社会责任感强,在具体操作过程中格外注重社会效益。因此公司成立初期,人工费用为1000元/人/月,远低于市场价格(见图2-9),设计产品价格也低于市场价格(见图2-10)。主要产品的价格对比见表2-4。

初级公司
3万元以下

一般公司
10万元以下

优秀公司
15~30万元

明星公司
30~70万元

初级设计师
年薪:7~10万元
时薪:48元/时

中级设计师
年薪:12~22万元
时薪:95元/时

高级设计师
年薪:22~40万以上
时薪:172元/时

明星设计师
年薪:40~60万元
时薪:278元/时

注:年薪特指公司实际为员工人力支出总额。

图2-9 市面上整套品牌形象设计报价 图2-10 北上广品牌形象设计师收入

表2-4 产品价格对照表

主要产品	天工晋选定价标准/元	竞争对手价格/元
品牌形象设计	130000	216500
品牌标志设计	10000	5000
品牌标准字设计	5000	5000
品牌造型(吉祥物设计)	20000	10000
品牌象征图形设计	1000	3000
VI应用设计系统	30000	25200
公共关系赠品设计(文创产品)	15000	8100
员工服装服饰规范	5000	13300
标志符号知识系统	12000	54100
广告、视频宣传规范	32000	92800

3 项目设计(创意)

3.1 产品形态设计

3.1.1 已完成项目中的典型案例

1. 山西景点门票设计

门票作为景区名片,不仅可以使游客从中获得旅游信息,还可以成为传播区域文化和民族文化的媒介。但经过实地调查分析,山西大多景点门票存在着或多或少的问题,且同质化严重。在这样的背景下门票设计就显得尤为重要。利用标签式设计方法将元素区分明显、层级清晰、信息突出、展示空间扩大的特点,使门票视觉版式的表现形式更具特色。

并用 H5 引导游客进行体验式设计,利用已存储的分类元素与信息,游客可以高效而快速地设计出自己喜欢的门票。通过标签式设计完善了山西忻州市的雁门关景区、晋中市的平遥古城景区、晋中市乔家大院文化园区、晋中市介休绵山景区、晋城皇城相府生态文化旅游区、忻州市五台山风景名胜区,以及大同市云冈石窟、临汾市洪洞大槐树、大同市的悬空寺、忻州市的应县木塔等 10 个 5A 景点门票的设计(见图 2-11 至图 2-14),试用期间受到景区与游客一致好评。

图 2-11　各地域标志景点手绘图

图 2-12　皇城相府、洪洞大槐树门票(目前在试用期)

图 2-13 绵山、雁门关门票（目前在试用期）

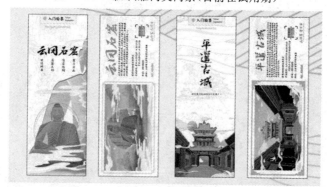

图 2-14 云冈石窟、平遥古城门票（目前在试用期）

2. 太原市晋源区城市形象品牌设计

晋源区并非家喻户晓的风景名胜，虽然其具有自身的历史积淀和文化底蕴，开发潜力巨大，但知名度不高，该区域严重缺失旅游品牌形象系统，这些因素使得对晋源区区域旅游品牌形象的设计迫在眉睫。这次品牌形象设计立足于晋源区旅游特色，为晋源区提供了一套规范、完整的品牌形象系统（见图 2-15、图 2-16）提高了晋源区整体的知名度，提升了城市形象，推动了晋源区的蓬勃发展。

图 2-15 晋源区标志设计、吉祥物设计

图 2-16 晋源区文创产品设计

3.1.2 正在进行的项目

项目团队对艺术遗产数字化的步骤,见图 2-17。对山西繁峙县岩山寺壁画数字修复后效果,见图 2-18、图 2-19。

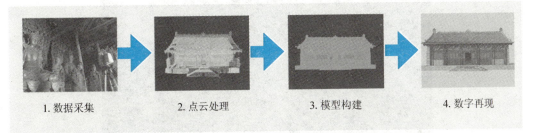

图 2-17 艺术遗产数字化步骤

图 2-18 山西繁峙县岩山寺壁画数字修复(1)

图 2-19 山西繁峙县岩山寺壁画数字修复(2)

3.2 经营模式设计

天工晋选地域文脉旅游服务以线下渠道为主,线上渠道为辅。线下为景区服务与景区沟通,将多学科交叉优势融入景区的全案策划设计,用年轻人的思维精心凝练景区的文化内涵,做好景区的品牌形象设计与推广工作。团队可提供的业务涵盖品牌塑造、IP孵化设计、文创产品开发、视频宣传等多个层面,为客户提供全方位品牌推广与咨询解决方案。线上为展示商品、宣传理念,借助互联网平台,结合线下活动,建立旅游文化景区沟通的桥梁,同时推广旅游景区的文化。

1. 线上

线上形式主要为网站平台,在天工晋选网站首页(见图2-20)设置了五大区域:业务区,主要为图片形式,见图2-21;展示区,即720云图、小视频,见图2-22;交流区,即论坛区,见图2-23;专访区,见图2-24;文创产品区,见图2-25,以此满足用户的各种需求。

图2-20　天工晋选网站首页

图2-21　业务区

图 2-22 展示区

图 2-23 交流区

图 2-24 专访区

图 2-25 文创产品区

在业务区,我们以图文为载体,将天工晋选团队已完成的业务相关设计产品图片上传,例如景区的 Logo、辅助图形、环境识别系统、广告宣传系统、网络宣传系统等,针对不同地域、不同文化背景,为其设计专属的品牌推广与全案策划。对于涉及文化遗产的景区,本团队可对其进行数字化修复并在网站上展示其复原图。

在展示区,本项目平台连接已有合作项目的景区,以及已经经过本团队全案策划后的景点,再通过对景区进行无人机拍摄,对其地势和布局进行数字化分析与展示。然后,为景区内各个景点进行全景拍摄,配合相应的宣传视频,使游客了解景区的景观。

在交流区,本项目平台鼓励访客发表意见和留言。例如已合作过的景区相关人员的产品(品牌形象设计与推广)反馈意见、有意向合作景区相关人员的留言、消费者购买文创产品后的反馈意见、云旅游用户的体验意见,以及希望通过本平台获取资源信息的第三方设计团队留言。当然,我们也会派专员与访客进行互动交流,以提升完善我们的服务质量。

在专访区,我们会录制在景区设计品牌形象过程中的背后小故事,增加趣味性;也会收集归纳访客关注和感兴趣的问题,充分发挥景区和访客的主动性和创造性,营造出独特的时空效果和浓郁的现场氛围。针对景区周围的人文风貌,我们将通过采访的形式,记录和分享当地居民记忆中的景区故事、民间趣闻以及当地一些传统工艺的制作流程(食物、手工艺品、民谣)等,并与相关媒体单位联系,进行专题采访,扩大其影响力。

在文创产品区,本项目平台联合相关合作的景区,为其设计文创产品,进行线上线下销售。线下主要是景区内出售;线上分为两部分,其一是在景区官网售卖,其二便是在本项目平台进行展示,并链接到景区官网进行销售。

2. 线下

与景区保持密切联系,前期做好景区的品牌形象设计与推广工作,为景区进行品牌塑造、IP 孵化设计、文创产品开发、视频宣传等多个层面服务;后期为客户提供全方位品牌推广与咨询解决方案。不断拓展一些具有旅游价值但未被开发的旅游文化景区业务的同时,定期回访和更新已完成的业务,并通过一些活动,比如在互联网平台中抽取对景区最感兴趣的访客,作为奖励,免费让访客去景区体验、游览,在强化线下互动体验的同时增进景区的人流量,从而实现平台与景区的双赢。

3.3 技术方案设计——以永乐宫景区文创设计为例

永乐宫始建于元代，属于全国重点文物保护单位。宫殿内部的墙壁上布满永乐宫壁画。根据本项目团队的调研，人们对永乐宫的壁画印象最深，因此天工晋选设计团队以永乐宫壁画为基点，对其壁画人物元素进行了提取、数字化转化和衍生品设计。

第一阶段，团队设计了15套方案，根据风格的不同，又从中选择出了3套：第一套，在保留壁画人物原貌的基础上进行了图案设计，见图2-26至图2-29；第二套，运用现代流行的国潮风格，对永乐宫的8个人物进行了设计，见图2-30至图2-41；第三套，Q版永乐宫人物形象设计，比较符合现代年轻人的审美，见图2-42至图2-45。

图2-26 永乐宫人物形象衍生品(1)

图2-27 永乐宫人物形象衍生品(2)

图2-28 平遥摄影节预售现场

图2-29 平遥摄影节预售现场游客与我方产品合影

图 2-30　永乐八怪明信片（1）　　图 2-31　永乐八怪明信片（2）　　图 2-32　永乐八怪明信片（3）

图 2-33　永乐八怪明信片（4）　　图 2-34　永乐八怪明信片（5）　　图 2-35　永乐八怪明信片（6）

图 2-36　永乐八怪明信片（7）　　图 2-37　永乐八怪明信片（8）

图 2-38　永乐八怪系列帆布包　　　　图 2-39　永乐八怪系列杯垫

图 2-40　永乐八怪系列手机壳

图 2-41　永乐八怪系列卫衣

图 2-42　Q版青龙孟章神君

图 2-43　Q版白虎监兵神君

图 2-44　Q版太乙真人

图 2-45　Q版永乐宫景区抱枕

第二阶段,线上线下调研:线上公布以上3套设计方案,进行网络投票;线下在景区直接与游客接触沟通,选出最受大众喜爱的一套设计。

第三阶段,经过与景区洽谈和线上线下投票,团队最终确定将第一套设计投入生产。第一套设计基本保留了永乐宫壁画人物的原貌,又运用现代色彩对其人物形象进行了创新,是大众最易接受、最符合大众对永乐宫壁画认知的设计。在实物生产环节,团队采用了丝网印刷的工艺。丝网印刷工艺着墨性独特,耐旋光性能强且颜色具有不可复制性,保证了景区文创产品的限量出售,增强了景区文创产品的艺术文化价值。

平遥摄影节期间,永乐宫景区工作人员将设计衍生品在创意集市上进行了试销售,三天内售出200余件并且接到了预订单。

3.4 组织机制设计

本项目的成员分工见图2-46。

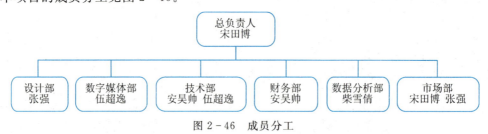

图2-46 成员分工

宋田博:天工晋选创始人,地域文脉旅游创意服务项目的发起人、总负责人,统筹和协调各环节之间的工作,旨在挖掘、研究地域文化内涵,打造有深度的景区全案策划,为景区品牌形象设计奠定坚实的理论基础;还负责兼职设计师的招聘、培训工作。

张强:天工晋选合伙人,地域文脉旅游创意服务项目总设计师,根据地域文化和对景区的实际调研,为景区进行从Logo设计、海报宣传设计到IP形象设计、视觉识别系统设计等一系列的全方案品牌形象设计;还负责团队版权、专利申请等事宜。

伍超逸:天工晋选合伙人,地域文脉旅游创意服务项目技术人员、设计师,运用高精尖设备对景区进行全方位的扫描、拍摄,后期为景区制作宣传影片和文物数字化影片等;还负责无人机倾斜摄影技术的数字化转化工作。

安昊帅:天工晋选合伙人,地域文脉旅游创意服务项目的财务总监,负责公司所有的财务工作、产品定价和部分技术工作;同时还负责团队与学校、团队与公司的业务协商、对接等工作。

柴雪倩:天工晋选合伙人,地域文脉旅游创意服务项目的数据分析师,从每个景点的设计、研发、视频、无人机摄影等信息中进行数据汇总、分析,形成大数据平台,再反馈到团队,指导团队各项工作不断地根据市场所需调整到最佳状态。

3.5 财务管理设计

3.5.1 资金状况说明

天工晋选公司成立于2018年11月。公司注册总资本为人民币25万元,其中团队自筹10万元,主要用于硬件设备的固定资产投入;银行贷款10万元;社会机构资助款项5万元(主要由学院校企项目合作方提供)。本公司受到当地政府和学校的大力支持,因此,在前期的经营中,公司设计和技术团队使用的高精尖设备都是来自学校开放实验室及第三方合作技术公司支持,这为公司前期运营节省了大量资金。同时,因为天工晋选满足国家对大学生创业的条件,因而天工晋选公司被免除了前三年的企业所得税。

3.5.2 成本分析

目前及以后天工晋选公司的运营成本主要来自网站建设维护和硬件设备升级扩充、第三方网络运营租用及自主平台开发费用、宣传推广费用、职工技能培训费用、职工工资费用等其他待摊费用等。

(1)项目初期资金运用。

在项目运营初期,资金运用包括但不仅限于以下几个方面,见表2-5。

表2-5 项目初期资金运用表

编制单位:天工晋选公司　　　　　　日期:2018.12—2019.03

项目	金额/元
1.公司注册	3000
2.租用第三方服务器	5000
3.数字媒体硬件设备费用	40000
4.高精硬件设备租用费用	5000
5.职工工资	20000
6.宣传推广	2000
7.设备维护费用	500
8.其他费用	12500
合计	88000

注:1.运营初期,职工工资为1000元/人/月。
　　2.其他费用包括但不限于公关费用、运营费用、实地调研费用等。
　　3.维护费用包括但不限于网络服务器及微信小程序的开发及后期维护升级等。

(2)项目中期资金运用。

在项目中期,资金运用包括但不限于以下几个方面,见表2-6。

表2-6 项目中期资金运用表

编制单位:天工晋选公司　　　　　　日期:2019.04—2020.04

项目	金额/元
1.购买服务器	20000
2.数字媒体硬件设备升级及扩充费用	50000
3.高精设备租用费用	50000
4.正版软件使用费用	10000
5.商业素材版权使用费	10000

续表

项目	金额/元
6.知识产权保护费用	5000
7.职工专业技术培训费用	80000
8.职工工资	102000
9.企业文化建设	5000
10.其他费用	20000
合计	352000

注:1.通过3~4个月试运营期,发现运营过程中在校学生缺乏有关商业版权问题等法律行业规范知识,在运行中期,加入了涉及知识产权的运营费用。

2.根据商业实战过程,发现在校学生缺乏一定行业经验的技术支撑体系,本着以培养学生技能为主的目的,项目盈利的大部分经费用于培养主干技术人员的专业技术能力,其中体现在专业技术培训费用的投入中。(计划每年纯利润的50%以上投入员工的专业技术能力的提升上)

3.职工工资类别包括:全职人员工资(4人,1500元底薪+项目提成)、长期兼职人员工资(5~10人,500元底薪+项目提成)、项目兼职人员若干(项目提成)。所有类别员工项目提成另计,工资中未包含项目提成。

4.企业文化建设包括不限于:提升公司凝聚力的团队建设等。

5.其他费用包括不限于公关费用、办公用品费用、调研差旅费用等。

3.5.3 公司财务报表分析

天工晋选地域文脉旅游服务平台在2018年12月—2019年3月试运营,2019年4月正式开始营业。从2019年4月到2020年4月年度,年度总收入为50余万元,年度运营成本为35.2万元。

3.5.4 公司盈利能力分析

公司在2019年4月到2020年4月的正式营业期间,年度营业收入累积为人民币531658元,营业成本累积为人民币352000元;年度利润总额累积为人民币179658元;年度净利润累积为人民币150448元。营业收入利润率为33.79%,营业成本率为66.21%,营业费用率为66%,净资产收益(ROE)为17%。见图2-47,这反映出天工晋选地域文脉创意服务平台运营状态良好,盈利水平较高,具有较好的发展前景,是值得投资的企业。

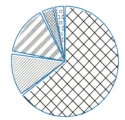

■主营业成本 ■营业费用 ■管理费用 ■财务费用 ■营业净利润

图2-47 天工晋选2019年4月—2020年4月正试营业收入分配

3.5.5 公司发展趋势分析

天工晋选地域文脉旅游服务平台是本公司的第一个电子商务平台,在2019年12月到2020年3月的试营业中,取得了较为满意的成绩。

(1)试营业期间浏览人数,见图2-48。

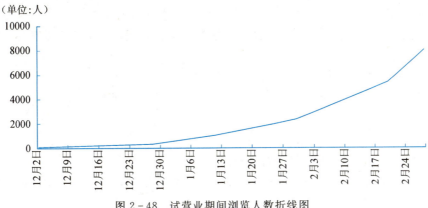

图2-48 试营业期间浏览人数折线图

(2)试营业期间营业收入,见图2-49。

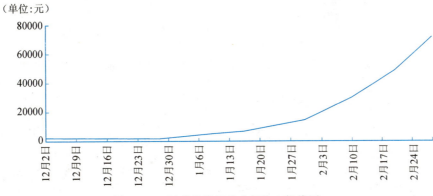

图2-49 试营业期间营业额收入折线图

3.6 风险控制设计

本项目具有广阔市场前景的同时,也将面临各种风险与挑战。在规划与运营中为了化解各种风险,项目团队制订了多样化的防范和应对措施,在项目团队内部建立了一套较为完善、有效的风险监控预警机制,以保障项目团队在复杂多变的环境中保持健康、平稳、持续发展。

3.6.1 市场风险分析及应对措施

(1)风险分析。

①产品上线后用户的使用量达不到预期的流量额度。

②本平台产品因为具有质量好、销量少的特点,但是价格较高,可能造成对本平台产品市场竞争力的高估,引发市场期望值风险。

(2)应对措施。

①利用微博、微信公众号等公众平台,进行大量的宣传,扩大产品的知名度,进行适度的促

销,宣传自己的特色,使产品快速占领市场。

②盯准文化旅游景区市场,做高品质、有内涵、有特色的设计,并进行深度加工,打入文化旅游景区市场。

3.6.2 经营风险分析及应对措施

(1)风险分析。

①在经营过程中,由于外部环境的复杂性和变动性,进而导致运营活动达不到预期的目标。

②产品在推广过程中会面临效率、信誉等问题。

③团队核心成员较为年轻,相比业内资深人士缺乏实际管理经验,影响公司的效率发挥,甚至会出现判断失误。

(2)应对措施。

①采用"互联网+"模式,取得消费者的信任。

②经常进行市场调研,了解网站的运行情况,及时发现问题,采纳用户意见,使网站更加人性化。

③聘请业内资深人士进行指导,定期组织讲座,提高整个团队核心成员的工作能力,尽量少走弯路。

3.6.3 竞争风险分析及应对措施

(1)风险分析。

①平台建立初期,缺乏知名度,而一些平台已相对成熟,想要后发制人抢占市场较为困难。

②由于我们平台的产品种类较多,所以在某些模块将会与一些只做单一模块而且经验丰富的团队发生冲突。

(2)应对措施。

①相比较普通的品牌形象设计平台,我们选择竞争力较小的文化旅游景区方向,通过深度解读文化和区分地域差异等卖点吸引消费者。

②在推广时针对产品的不同性质制订不同的推广策略。本平台的主要服务群体是有一定消费能力的消费者,所以我们要通过营造品牌声势推广,让消费者感觉我们一直在高端、专业方面的努力,使目标消费者通过对品牌和服务的信赖而接受产品。

3.6.4 财务风险分析及应对措施

(1)风险分析。

①企业的大部分成本将会产生在网站的设计和推广上,在前期不能被广大消费者所认知的情况下,获利较少,容易造成资金运转困难。

②在平台上线前期,可能对一些资金的使用没有采取合理、完善、有效的监督和控制,而导致内部财务十分混乱。

(2)应对措施。

①逐步增添有盈利点的用户模块,并且尽量用自己的团队技术人员进行研发,这样可以节省成本。

②掌控财务风险最有效的防范方法,是建立有效的财务风险防范处理机制,不断提高财务

管理人员的风险意识,理顺企业内部财务关系,做到责、权、利相统一。

3.6.5 技术风险分析及应对措施

(1)风险分析。

①由于第三方平台在客户个人信息的安全保障方面对技术要求比较高,所以整个运营过程中也会出现对于信息安全方面的技术研究、开发和保护方面的问题。

②由于团队起步阶段的资金不足,需采用第三方服务器,可能会出现网络不稳定、信息安全的问题。

(2)应对措施。

①对某些敏感技术进行保密,聘请专门的法律顾问,用法律武器保障公司权益不受伤害;与每一位核心成员签订协议,以免造成不必要的损失。

②加强技术团队对信息安全方面的研究与学习,对平台进行持续的更新升级,以达到平台的技术安全的目的。

4 项目建设(创业)

4.1 组织机构建设

4.1.1 组织架构与运行模式

天工晋选团队是依托太原理工大学,学生自主管理的创新创业团队,团队由导师指导,学生负责日常运行。

天工晋选实行团长负责制。团队由若干名负责人组成,下设 6 个部门,即设计部、数字媒体部、技术部、财务部、数据分析部和市场部。

1. 组织机构职责

(1)组织机构职责包括:审议和决定天工晋选的发展规划和任务;负责对天工晋选重大事项进行决策;审议和批准天工晋选章程、基本管理制度。

(2)负责人由天工晋选指派人员担任。

(3)组织机构会议原则上每半年召开一次。总负责人认为必要时,可提议召开临时机构会议。组织机构休会期间,由总负责人代行职权。

(4)组织机构会议须有 2/3 以上的负责人出席方能召开,其决议经与会代表 2/3 以上表决通过后生效。因故不能出席会议的负责人可以委派代表或委托其他负责人代行权力。

2. 主任负责制

(1)天工晋选实行主任负责制。

(2)主要职责如下:

①负责组织制订并实施技术中心的工作职责、相关政策、管理制度,中长期发展规划和年度工作计划;

②负责技术中心设计、数据分析、培训等项目的管理,协调和监管技术中心内各部门的各项活动,落实年度工作计划;

③协调与学校(太原理工大学)、景区及第三方公司的交流、合作和联系,推动国际交流与

合作，拓展设计合作平台。

4.1.2 组织职能机构

（1）设计部主要职责：负责业务的主要设计工作，根据地域文化和对景区的实际调研，为景区进行从 Logo 设计、海报宣传设计到 IP 形象设计、视觉识别系统等一系列的全案品牌形象设计。

（2）数字媒体部主要职责：负责业务中需要的视频拍摄、航拍、数字建模及后期制作等。

（3）技术部主要职责：负责技术中心项目研发相关事务的协调。

（4）财务部主要职责：负责天工晋选的财务预测、财务决策、财务计划、财务控制、财务分析等工作。

（5）数据分析部主要职责：负责业务区的信息所得数据汇总、分析，形成大数据平台。

（6）市场部主要职责：制订年度营销目标计划；建立和完善营销信息收集、处理、交流及保密系统；对消费者购买心理和行为进行调查；对竞争品牌产品的性能、价格、促销手段等进行收集、整理和分析；对竞争品牌广告策略、竞争手段进行分析；做出销售预测，提出未来市场的分析、发展方向和规划；制订产品企划策略；制订产品价格；制订新产品上市规划；制订通路计划及各阶段实施目标；负责促销活动的策划及组织；合理进行广告媒体和广告代理商的挑选及管理；制订及实施市场广告推广活动和公关活动；实施品牌规划和品牌的形象建设；负责产销的协调工作。

4.2 技术支持建设

团队内有视觉传达设计人员、数字媒体设计人员、信息与大数据技术人员，并且依托团队所在学校，有完善的硬件设备支持，可以迅速地搭建线上交互平台；并且有对地域文脉和品牌形象设计行业十分熟悉的相关从业人员进行指导。图 2-50 至图 2-54 为团队使用无人机实地调研的情况及部分测量获得的地貌。此外，我们还将无人机应用到了景区的宣传视频拍摄上。

图 2-50 无人机测量地理地貌工作情况

图 2-51 后沟无人机测量地貌(1)

图 2-52 后沟无人机测量地貌(2)

图 2-53 常家庄园无人机测量地貌(1)

图 2-54 常家庄园无人机测量地貌(2)

4.3 商业运作建设

商业运作模式主要分为以下三种经营模式。

(1)分工协作经营模式。本项目采用"团队+企业"的模式,与山西迪奥普科技有限公司合作,将艺术与技术结合,为山西景点的品牌形象设计与推广服务保驾护航。

(2)线上线下经营模式。天工晋选地域文脉旅游服务以线下渠道为主,线上渠道为辅。

(3)精准经营模式。天工晋选作为学生创业团队,规模较小,面对庞大的市场和强有力的竞争对手,天工晋选只能精准定位自己的市场——以山西景点为服务对象,为其提供全案策划,用年轻的思维,精心凝练景区的文化内涵,做好景区品牌形象设计与推广工作。与其他设计公司相比,天工晋选在满足客户(山西景区)和特定消费者(景区游客)多层次需求的方面比较具有竞争力。

4.4 网络营销建设

4.4.1 品牌策略

天工晋选团队有统一的 IP 风格和设计理念,所有设计师都要基于此进行二度创作,形成系列产品。

(1)以优质的品牌形象设计提高品牌美誉度。要在同类设计竞争中取得优势,就要以优质的设计和创意吸引用户,如提供山西省各大旅游景点的最佳旅游时期、各旅游景区的线上旅游展示及商品的官网售卖链接等,本项目在服务类信息的提供上做到全面、及时和有效。

(2)以设计为主提高品牌忠诚度。在文化创意设计繁多的情况下,质量、创意、文化底蕴是赢得顾客品牌忠诚度的良好途径。本项目根据目标客户及市场调查,选择最佳方案,为需要品牌形象设计与推广的客户、年轻消费者的黏度及扩大市场不断努力。

在上述思想的指导下,我们将营销推广分为以下三个阶段:

第一阶段:随着我们创业项目投入运营并逐步走上正轨,团队以旅游景区品牌形象设计与推广服务为重点,首先扩大自己在业界的知名度和人气,提高平台和系统的使用率,从而实现在品牌形象设计圈的初步覆盖。

第二阶段:本平台和系统将继续扩大规模,力求覆盖更多以文化创意设计、IP 设计、品牌形象设计为主的大学生第三方设计团队。同时,我们将会对其进行指导,通过标准化的培训,形成统一的设计理念与目标之后在天工晋选严格的质量管控下进行设计服务。

第三阶段:本公司的终极战略目标是实现旅游景区创意服务设计的全面覆盖,力求使平台系统成为旅游景区、设计师和游客之间的必备,采用无人机拍摄、VR、AR 及数字转化技术实现景区官网的线上旅游展示,确保旅游景区营业额度、设计师的经济收入以及游客的精神需求。

4.4.2 产品策略

本项目产品的核心价值为:天工晋选地域文脉旅游创意服务,是基于地域特色的景区品牌形象的全案策划,旨在将地域文化融入景区创意服务,配合技术的创新,增强旅游体验。

4.4.3 价格营销

通过品牌形象各部分设计的差异化获得利润,采用渗透定价法对品牌形象各部分设计进行定价,结合线上平台进行推广与销售。所谓渗透定价是指企业把其创新产品的价格定得相对较低,以吸引大量顾客,提高市场占有率。在本项目之初,我们将采用低价来吸引顾客以此提高市场占有率。

4.4.4 营销渠道

商品和服务能否迅速送到客户手中,正确的分销渠道网络建设是营销目标实现的关键。企业营销渠道的选择也将直接影响到其他的营销决策,如产品策略、价格策略、促销策略。渠道选择是企业能否成功开拓市场、实现销售及经营目标的重要手段。针对天工晋选地域文脉旅游创意服务项目的推广渠道有以下两种。

1. 线上渠道

(1)通过同城微信平台广告推广,注册官方微博账号等各种互联网平台,扩大品牌宣传,吸引客户,占领市场。

微信公众号、微博营销方案如下:每天在公众号和微博推出 10 秒短视频,便于项目的病毒式传播。邀请或挖掘网红拍摄视频,或举办"创意服务设计"等大赛。线上举办活动,抓住传统节日等易吸引人眼球的时机,加大宣传力度。具体营销活动见表 2-7。

表 2-7 营销活动表

节日	活动主题	活动内容	推广形式
端午节	吃粽子喽	转发点赞 55,送旅游景区门票两张	H5 宣传,当下时节各景区的图文消息
中秋节	合家赏月	视频宣传文案投稿,送原创礼盒包装月饼一盒	当下时节各景区的宣传视频、GIF 动图

(2)网站平台方面,在天工晋选网站首页,我们设置了五大区域,即业务区(图文)、展示区(即 720 云图、小视频)、交流区(论坛)、专访区和文创产品区,满足用户的各种需求。

2. 线下渠道

(1)在各校以宣传单、海报、二维码、讲座等方式由点及面进行宣传。

①宣传单：我们在人群密集的街道、学校、广场、景区等地方进行传单的派送，在每页宣传单上介绍我们的设计内容以及主题风格。

②海报宣传：在符合规定的张贴栏张贴景区创意服务设计宣传海报，注意版面的新颖性和创新性，以此来吸引用户群体。

③二维码宣传：在发放宣传单的同时，我们设置了二维码，人们扫描二维码可关注我们公众号、今日头条和微博，随时了解团队、平台的动态。

(2)招聘兼职代理宣传，分配注册人数任务并进行客户维护。

(3)目前天工晋选团队已走访调查了10余座有旅游文化景区的城市和当地相关景区并合作，达成了一部分业务意向。在此基础上，我们希望进一步扩大与旅游文化景区的合作，并争取获得政府和相关企业的支持，提升项目影响力。

(4)整合学校资源。目前，团队所在学校的艺术学院已有多项与外界艺术文化遗产合作的项目，除此之外，指导老师也有相关的科研项目。整合学校资源，拓展项目外延，是当下团队业务资源的主要途径。

3. 渠道规划

项目前期主要采用以网络渠道为主，传统渠道为辅的方式，迅速占领市场，吸引用户。中后期可以在各院校聘任兼职在校代理人进行活动的开展、客户的维护和管理。

4. 渠道维护与管理

建立营销网络只是进入市场的第一步，要占领市场还需要完善项目已建立的运营管理体系，即维护与建设。渠道维护与管理将是企业中极为重要的一环，因此，公司专门设立了专门的部门来进行渠道的维护管理，对后期采用代理制时出现的经销商选择、管理激励问题做出了规划。

5. 公共营销

与知名网站合作，在大型网站上设计链接，并结合线上线下举办相关活动。

5　项目运行与维护

1. 社会效益

平台整合了山西多个地域的品牌形象设计与推广业务，我们的多个设计产品申请了相关专利，因此形成了一整套品牌形象设计系统。此外，结合不同地域旅游景区的文化，我们将多种设计产品组合销售，并初步把旅游景区品牌形象设计与推广打造成山西旅游业的标签。目前，山西繁峙县岩山寺壁画的数字修复项目正在有序进行，并且我们通过抖音、微博等平台设立话题讨论，吸引更高人来关注。

2. 经济效益

平台聚集了大量的旅游和文创爱好者，为山西旅游景区打通线上渠道，销售额不可小觑；同时平台将聚集合作金额较大的用户资源，客单价高，品牌溢价高。希望在不久的将来，在国家政策的积极鼓励下，达成打造山西全域旅游大数据平台愿景，看到更多人回到家乡，振兴地域文化，使之传承和发扬下去。

6 分析与评价

6.1 指导老师点评

天工晋选团队的地域文脉旅游创意服务项目，经过了五个月的努力获得"三创赛"总决赛特等奖第五名的好成绩。主要是因为项目满足了以下几点：

(1) 积累丰富。作为学生设计团队，前期有很多为山西各个旅游景点做设计的实践积累，为参赛提供了足够的案例支撑。

(2) 学科交叉。依托学校综合类大学的优势，"艺术设计＋数字媒体＋大数据＋无人机应用技术"，使得项目有创新，有创意，真正解决现实问题。

(3) 服务地方。项目旨在解决山西旅游资源丰富，旅游业却处于中下游水平的现状，助推山西传统旅游景区文化发现与服务升级，符合我国新时代文化发展战略。

(4) 以点概面。项目不仅服务山西，还可以为其他省份全域旅游提供思路。

(5) 团结合作。天工晋选团队是经过几年的培养、积累后组建的，以研究生为主、本科生为辅，融合多个专业，突出艺术与科技学科交叉特色的大学生团队。队员之间分工明确又相互融合。这一点在一个团队里是非常宝贵的。

最后再补充一个不足，由于学生团队对运营不熟悉，所以未形成稳定的创业规模，后期需继续完善。

6.2 专家评析

天工晋选秉承创新理念，发挥团队成员的多学科交叉优势，服务山西旅游景区转型升级，在创业道路上扎实前行。依托团队核心技术，打造全域旅游大数据平台；聚焦景区全案策划设计，丰富景区文化内涵，讲好山西故事；契合时代发展主旋律，探索形成了具有推广价值的"文旅融合发展"解决方案；坚定文化自信，传承和创新中华优秀传统文化，为建设社会主义文化强国贡献当代大学生的力量。

评阅人：彭丽芳（厦门大学教授、教育部电子商务类专业教学指导委员会副主任、"三创赛"
　　　　 竞组委仲裁组组长）
　　　　 马莉婷（福建江夏学院教授、电子商务系主任）

案例三　知微——扶智扶心成长社区

获奖情况：第十届"三创赛"特等奖
参赛团队：西南财经大学 知微
参赛组长：袁　懿
参赛队员：李　言　熊宇航　康　博　聂施雨
指导教师：李忠俊
关键词：知识辅导　心理疏导　AI驱动型教育平台

案例视频

摘要：知微团队以"通过教育阻断贫困代际传递"为使命，为贫困地区的中小学生提供免费、优质的教育服务。现在知微及其合作平台已有注册志愿者13000余人，合作学校39所，累积结对学生13128人，线上平台用户量超10万人。自2017年知微团队开通公众号以来，总浏览量达到10万次。知微团队获得了中新网、新华社、中国扶贫在线、中国青年报等媒体的报道，摘得了国家民政部等多个部委颁发的志愿服务奖项。

1　项目简介

1.1　项目主要意义

我们的愿景是：扶智扶心，让优秀的大学生用爱心和智慧改变贫困地区的教育困境。"知微"传递了我们团队的三大核心取向：公益、智能、心理。

第一，"微"代表偏远地区的孩子们。知微社区旨在通过线上线下两条路径，为偏远乡镇里的孩子们提供同样优质的教学资源、教育方法、心理陪伴，缩小地区差异，改变教育不平等作出自己的一份贡献。

第二，"微"代表精准和个性化的服务。知微社区自主开发了基于人工智能的教学系统，能够通过智能推荐系统定位学生能力，找出知识漏洞和优化路径，帮助学生自主提升，辅助老师了解情况，真正做到见微知著、因材施教。

第三，"微"也代表了以往教育中被人忽视的心理教育。知微社区尤为重视陪伴式的长期心理教育，依托大数据分析和专业志愿者团队对孩子们的心理状况进行客观和主观评价，"知微探幽"，预防并克服学生可能存在的心理问题。

1.2　项目达成目标

现在知微及其合作平台已有注册志愿者13000余人，合作学校39所，累积结对学生13128人，线上平台用户量超10万人。自2017年知微团队开通公众号以来，总浏览量达到10万次，计划在未来5年内服务贫困中小学生1000万人。

1.3 项目主要内容

知微团队响应扶贫必扶智、阻断贫困代际传递的号召,与政府、企业、社会组织、大学生志愿者等各方合作,计划在 5 年内为 1000 万贫困中小学生提供帮助。通过搭建每一个贫困生能够接触到的平台,将先进的学习方法、心理的帮扶、优秀的教育资源精准地投向贫困地区,为孩子们提供更开阔的视野和发挥天赋的契机,阻断贫困代际传递,从而为有效解决区域、城乡、校际三个方面的教育不平衡问题作出努力。

1.4 项目技术路线

知微团队打造了三大核心产品,即自适应导学图谱、交互式心理陪伴空间、线下帮扶服务,见图 3-1。知识和心理双核驱动,线上线下双线并行。

线上,自适应导学图谱为用户智能推荐学习内容,交互式心理陪伴空间则为志愿者与学生提供持续沟通的空间。①数据辅助心理陪伴:用户的学习报告反馈给已配对志愿者,北京师范大学心理健康者协会将以客观的数据进行辅助疏导。②心理陪伴完善学习规划:专业教学团队将基于心理测评优化用户的学习路径,使导学图谱的智能推荐内容更有针对性。

线下,差异化教学服务将利用线上数据,打造比传统线下教育更加智能、比单一线上教育更加个性化的定制教学与心理辅导。志愿者团队根据线上数据反馈,对合作学校开展走访活动。线下服务也会利用面对面优势,完善线上教育的欠缺之处。

图 3-1 三大核心产品

1.5 项目特色

线上教育以公益为核心理念,面向身处于贫困地区没有好的渠道接触教育资源的贫困生。线上平台为贫困生提供了信息资源和教育资源,并且提供免费教学,让他们能够接触到先进的教育思想、教育理念、最新的高校资讯。线下教育平台拥有专业教师资源、专业理论指导专家支持,致力于打造成为全新理念的线下辅导平台。线下项目具有个性化、年轻化、学习积极性高等特点。线上和线下通过良性循环彼此相连,缺一不可。线上增加关注度,使线下用户增多,反过来,线下盈利反哺线上项目。这种特别的线上线下合作机制体现了平台"学泽培优"的经营模式优势:既是借鉴互联网企业的思维模式,又是可以灵活调整的柔性经营模式。除此以外,项目平台与公益组织、教育机构以及政府部门有着密切的合作关系。

1. 理念优势

本项目从公益出发,为贫困地区贫困学生提供发展规划、学习目标、学习方法、艺体类和文化类等全方位的线上教育资源;通过搭建一个贫困生能够接触到的平台,将先进的教育思想、教育理念、优秀的教育资源向落后地区倾斜,从而发掘有艺术天赋、体育天赋、艺术梦想的中学生。

本项目平台的线上教育内容与资源全部以免费发放,其中包含文、体、艺各类资料和学习方法介绍等。项目平台响应党和国家精准扶贫政策,注重面向贫困地区学生的宣传与推广。本项目计划未来设置专项基金提供给有艺术天赋、体育天赋、竞赛天赋、成绩优秀的贫困生。

本项目一直秉承"老师有的是教育方法,而项目团队有的是学习方法,授人以鱼不如授人以渔"的理念,希望帮助更多学生从根本上走出学习困境。

2. 模式优势

本项目采用互联网企业的思维模式,即先提供给用户价值,获得社会认同和用户黏性,吸引足够流量与足够社会关注度后再思考盈利方式。线上公益平台的维护运营和推广资金可来自项目团队已有的线下经营盈利资金、公益基金、扶贫基金、政府教育部门的扶持和企业的支持等。

同时,与一般的辅导班不同,本项目线下平台突破了与家长沟通的难题,开辟了心理健康辅导以及个性化教育搭配的服务,以陪伴式的教育模式为核心,强调榜样的作用,辅导的学生利用学长、学姐们的学习经验,再进行自己的加工,以最快的方式找到适合自己的学习方法。

3. 教师资源优势

本项目教学平台的教师包括来自北大、清华、川大、复旦、北师大、中科大等国内一流大学的优秀学生,还包括西华师范大学教育心理学的教授负责理论指导,项目团队教师与辅导的学生年龄相仿,经历相似,更能激发学生的学习热情,调动他们探索学习方法的积极性,增强他们的自信心。

同时项目团队作为大学生线上公益教育的"先行者",希望吸纳更多的大学生与社会力量加入项目团队,扩大教师团队和运营团队。

4. 信息资源优势

知微及其合作平台的志愿者分散在全国各地的一流院校,可以汇集各高校的信息资讯,尤其是能帮助信息闭塞的贫困地区学生更好地了解他们向往的大学,帮助他们更好地把握一些类似自招的机会、艺体类考试的机会。项目团队的丰富信息资源可以使贫困地区的学生享受到省心、贴心的优质服务。

5. 价格优势

本项目教学平台已开设了面对贫困生的宏志班,宏志班所有贫困学生都可以享受全免费教学服务。项目团队的收费客户人群定位于数量最多、分布最广的中低等收入人群,该收入人群往往忽视教育,而项目团队的价格低廉,对他们来说是完全可以接受的,所以本项目的受众人数较多。本项目教学平台的办学效果有较明显的知识溢出效应,不仅体现在成绩上,更体现在眼界上、思想上、生活习惯上,甚至是在世界观、价值观上,对贫困地区的学生来讲影响是深远的。

2 项目分析

2.1 市场需求分析

(1)政策环境层面。近年来国家高度重视新一代人工智能的发展,大力推动人工智能在教育领域的应用,鼓励"互联网+教育"在教育一体化中的应用。

(2)经济层面。随着现代信息技术的进步和人们对网络经济的认识逐步深化,网络经济发展迅猛,人们的网络化和移动化生活习惯已逐渐养成;在线教育用户规模持续扩张,在线教育的市场认可度逐渐提升,融资状况良好;互联网教育平台百花齐放,教育需求和教育消费不断升级。

(3)社会环境层面。目前学生期望的理想升学路径是进入好学校,然而好学校都存在总量不足、分布不均、入学竞争激烈的问题。在"不能让孩子输在起跑线上"的口号逐渐成为共识,家长对孩子教育高度重视的情况下,"参加课外辅导"相较于进私立院校和留学等渠道,是一个提升学业成绩、提高综合素质性价比较高的选项。家长对课后教育的效果极为重视,满足用户升学需求的在线教育逐渐"刚需化"。随着二胎政策全面放开,学龄人口进入增长高峰。教育部数据显示,2018—2019年,全国小学学龄儿童人数已连续两年过亿。这些学生都成为K12(kindergarten through twelfth grade,从幼儿园到第十二年级,国际上对基础教育的统称)课后辅导的潜在用户。在我国,K12学生课后教育参培率已经过半。增长的市场需求,支撑起庞大的市场总量。与此同时,素质教育成为在线教育的新风口,中学生心理健康问题亟待关注。

2.2 产品市场定位

知微是一家专注于K12教育的大数据公司,目标在五年内打造中国最大的K12数据库。当前,知微立足于贫困地区的中小学,向乡村地区的中小学生进行教育帮扶与心理疏导,以长期陪伴的方式提高乡村学生的综合素质能力;知微关注下沉市场,在战略上看准全民品牌路线,通过免费公益的移动端平台力求惠及最大的用户群体,将优质的教育资源与教学技术用最低的成本投放于三线以下城市与乡村地区,借助远超其他教育机构的数据量来搭建最强的AI教学系统。

2.3 可行性分析

1. 可持续性分析

知微有独具特色的心理帮扶实践与独特高效的商业模式,见图3-2。知微五彩石团队拥有超过10年的心理帮扶实践,从2008年起至今累积志愿者10421人,合作学校共计31所,累积结对学生10608人;心理疏导经验丰富,获得来自国家民政部等各方的高度肯定。知微学泽则是团队自主开发的人工智能教育平台,主打包括自适应知识导学图谱、交互式心理陪伴空间、差异化线下教学服务在内的核心业务。通过知微学泽平台将心理帮扶经验及实际情况及时反馈给志愿者,完善交互式心理陪伴空间,及时调整自适应知识导学路径,并反向促进五彩石心理疏导的顺利进行。2018年暑期期间线下招收35人,2019年寒假假期招收71人(含宏志班免费生16人),共盈利41329元,其中公益教育基金投入21000元,知微在进行线上线下试运营后,证明我们的商业模式具有可持续性。

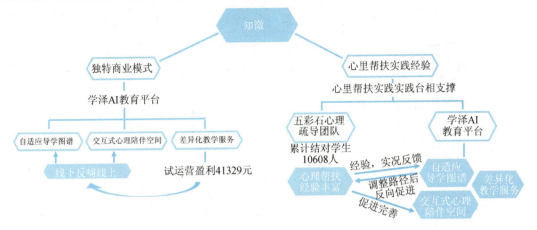

图3-2 知微的商业模式

2. 目标人群

(1)2020年服务范围从中学生群体扩展至小学生、学龄前儿童。

(2)三年内从四川、宁夏的服务范围扩展到西部的12个省、市。

(3)五年内为1000万贫困中小学生提供帮助。

3. 市场潜力

根据目前本项目的经营状况可以推测出未来的市场潜力。由表3-1可知,企业应收账款周转率在前三年有所起伏,但从第四年开始趋于稳定。总资产周转率第二年有所下降,但其余各年都在稳定上升。应收账款周转率越大,说明企业收账越迅速、账龄越短;总资产周转率越大说明企业营运能力越强。这两项数据均说明作为一个初创型企业,本项目总体的营运能力正在逐步提升。

表3-1 营运能力指标分析盈利分析

项目	时间				
	第一年	第二年	第三年	第四年	第五年
应收账款周转率/%	1.53	2.30	2.06	0.98	1.15
总资产周转率/%	0.90	0.65	0.78	0.87	0.91

由表3-2、图3-3可知,从2019年到2023年,盈利在不断上涨,盈利率在2019到2021年也有所增长,在2021年到2023年虽然盈利增长率有所下降,但是增长率都大于0,即虽然增长率并未增大,但是盈利是有所增长的,这也说明本项目有一定的造血能力。当然增长率的下降说明目前的盈利方式还有待改进,在具体投入运营以后,应该会给出更完善、更全面的盈利方案。

表 3-2 盈利和盈利增利率

项目	时间				
	2019 年	2020 年	2021 年	2022 年	2023 年
盈利//元	39196.48	69253.72	156168.25	271974.72	300217.97
盈利增长率%		76.68	125.50	74.15	10.38

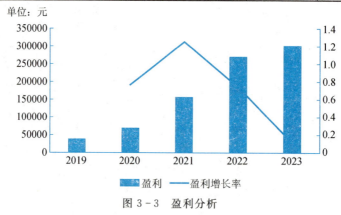

图 3-3 盈利分析

4. 成长能力

由表 3-3、图 3-4 可知,本项目各项成长能力指标均处于较高状态。主营利润增长率在未来五年有所起伏,而主营业务增长率在未来五年几乎保持稳定,说明企业成本管理经验还不足,应该在未来发展中注意成本管理。净利润增长率也有所起伏,说明企业应该提高自己的获利能力和获利效率,促进产品的营销推广。主营业务收入增长率未来五年表现稳定,说明企业在未来五年发展稳定。未来五年各项相关指标数据均处于较高水平,说明项目成长能力强。

表 3-3 主营业务收入增长率、主营利润增长率、净利润增长率

项目	时间			
	2020	2021	2022	2023
主营业务收入增长率/%	17.59%	26.48%	31.65%	40.89%
主营利润增长率/%	26.40%	31.78%	−4.47%	11.83%
净利润增长率/%	6.77%	21.74%	−4.44%	1.84%

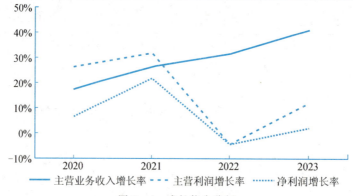

图 3-4 成长能力分析

3 服务产品及其特色

3.1 产品设计

1. 自适应导学图谱

如图 3-5 所示,知微平台的突出特色即设计、运用了自适应导学图谱,该功能主要起到两个作用:一是引导学生自主练习。通过智能推荐系统与学生进行交互,学生可随时查看由 AI 分析得出的自身知识点漏洞并根据智能推荐进行强化练习。二是辅助老师因材施教。本项目团队以产品以已有的人工智能系统为基础,通过对不同班级、学校、地区的大数据进行分析,开发出了更加适合群体教学的师生互助系统,可以智能地给出每一位学生的学习分析报告,帮助老师更好地了解每位学生的情况,做到真正的因材施教。

在实践性层面,知微平台通过以下两个步骤完成"自适应"过程。

(1) 学生自主学习系统,AI 强化训练。

平台通过对各个学科的知识点进行数字化上传,并用 AI 监督学习,对题库中每道题的知识点与题型进行细致划分。学生在平台输入成绩相关信息并进行水平分析,按照分析结果自主选择所需要强化练习的知识点,或由系统推送难度适当的题目来进行知识点查漏。平台根据做题情况动态调整题目难度,并记录不同知识点下学生做题时长、正确率等信息。

项目团队通过人工标记一定数量题目包含的知识点与难度分级,对 AI 进行训练,达到能智能分析题库的目的,最终将对应题目通过平台推送给学生,以便更精准地选择适合的题目以及对学生进行提升路线分析(见图 3-5)。

平台将学生做不同题目的正误率与耗时等数据与同分段学生进行对比分析,定位学生学习能力并寻找每个学生的知识漏洞,智能地为学生推荐合适的题目进行练习与提升。学生可随时查看由 AI 分析得出的自身知识点漏洞并进行强化练习。平台后期在得到基础用户画像后,采用 AI 非监督学习与增强学习逐步细化群体画像,得到更精准的模型。除此之外,项目团队将收集来自各名校优生对不同题目的解题心得,并在相应题目解析中为学生推送。

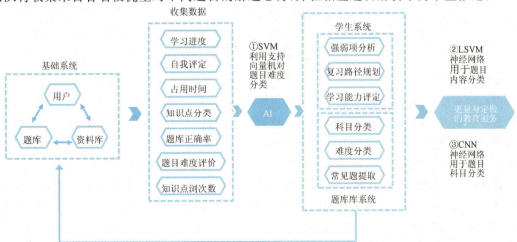

图 3-5 产品设计原理

(2)师生互助系统,AI 辅助教学。

平台可根据已有的人工智能系统,继续开发针对城乡学校师生互动的系统。大数据技术可以分析中小学和大学学生的学习行为、考试分数、职业规划等所有重要的信息,从而帮助老师进行作业批改。平台中学生各科目学习状况的信息有助于发现学生偏科情况与总体学习状况,系统智能地给出每位学生的学习分析报告,帮助老师更好地了解每一位学生的情况,做到真正的因材施教。

基于此系统,项目平台可以为教学改进提供数据信息。利用平台数据可以分析学生所在地区学校的教学水平、各个年级各班级的教学状况;通过 AI 系统,可以判断是否有师资缺编、教学偏科等问题。本项目平台还可以帮助政府对教育资源实现精准分配,将乡村教育质量考核做到真正的数字化、智能化、精准化。

2. 交互式心理陪伴空间

根据项目前期的线下调研资料显示,学生在接受心理疏导过程中有时延、失真问题,结束之后又会产生"分离焦虑"等心理问题。知微团队将志愿服务与 AI 系统有机结合,开发了交互式心理陪伴空间(见图 3-6)。在教学的间隙插入心理量表改编的趣味游戏,从而构建个性化的心理模型并进行综合分析,将测试结果向结对志愿者开放,以便志愿者了解结对学生近期的心理状态。除此之外,系统也定期对结对学生的个性化心理状态模型进行更新,做到与学生"共同成长"。交互式心理陪伴空间是平台打造的集心理测评、心理预判、心理帮扶三位一体的特色产品,旨在通过 AI 系统更好地辅助志愿者进行及时有效的心理疏导,帮助偏远地区学生摆脱心理困境,克服心理问题,拥抱美好未来。

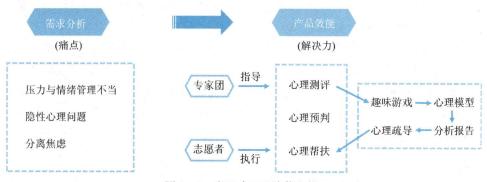

图 3-6　交互式心理陪伴空间

(1)需求分析。

以心理环境方法、叙事心理学等理率知识为指导,本项目开展了以"五彩石"命名的心理与文化重建活动。"五彩石"活动秉承着"给人猎物,不如给人猎枪;给人猎枪,不如共造猎枪"这一理念,在五大刚需、五大愿景、五大动力和五大理念的推动下逐步形成了一套较为完整的理论体系。活动中,"五彩石"活动旨在关爱未来生命成长过程中为迫切需要帮助的中小学生提供成长契机,在帮助孩子学习的同时提升孩子的人文精神,促进孩子德、智、体、美全面发展;在生命陪伴、爱心互动中促进孩子心理和精神的健康发展,相互感召,形成了生命故事的互动。"五彩石"活动同时也为大学生提供常规、长期、长效、简便易行的社会实践,促进大学生在实践中成长,在奉献中成才,最终达到孩子与大学生共同成长的目的。

参加"五彩石"活动的中小学生由所在中小学按照教学班级进行统一管理;大学生由所在

大学成立志愿团进行统一管理。在四川大学马克思主义学院及学校各部门的大力支持下,"五彩石"活动以肖旭教授为总督导,志愿团由主席团领导校地合作部、宣传部、办公室和组织与培训部四个部门进行日常活动管理,保障"五彩石"活动的顺利进行,充分发挥学生自主管理的作用,提倡管理创新。

如图 3-7 所示,每年"五彩石"作文交流活动在全校招募、选拔有热情、有能力、有时间、有纪律,并且有爱心、热心、责任心、恒心且细心的优秀大学生,结合《"五彩石"活动实务》《开放式叙事》等指导著作,对大学生志愿者进行科学理论指导与培训。大学生与生命成长中迫切需要帮助的中小学生稳定结对,并由结对老师统一收集整理学生写好的作文并打包邮寄至结对大学,由"五彩石"活动管理人员将作文分发给志愿者。志愿者批改完后,负责人回收整理作文并寄回学校。在批改作文的同时,志愿者与结对学生书信交流,对结对学生进行学习辅导,并不定期地开展各种联谊活动、讲座培训、团体辅导等,以缓解结对学生的心理问题,与大学生相互支撑,促进生命成长。

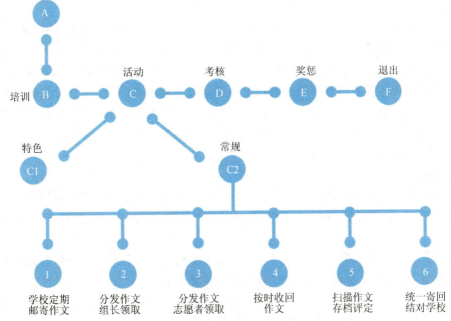

图 3-7 "五彩石"作文交流活动流程

"五彩石"作文交流活动通过邮寄的方式,让大学生摆脱传统支教在时空上的束缚,但通过十年来长期有效的实践证明,个别结对双方由于空间距离较大与邮寄时延所产生的隔阂,容易造成志愿者无法及时获取结对学生心理状况的相关信息,使志愿者无法及时针对结对学生不良心理状态采取措施进行缓解与疏导,埋下心理问题隐患。

近年来,互联网技术高速发展,大数据技术应用广泛。依托 AI 系统与大数据技术收集用户在相应网络平台上的操作数据,运用大数据技术进行分析,描绘用户画像,实现用户行为预判,进而给用户以更为便捷、舒适的使用体验。大数据技术的优势同样可以运用在心理疏导上,即通过 AI 系统与大数据技术,对使用者实现以下不良心理状态预警。

①压力与情绪管理不当。

压力管理是对感受到的挑战或威胁性环境的适应性反应。而情绪管理是指通过研究个体和群体对自身情绪和他人情绪的认识、协调、引导、互动和控制,充分挖掘和培植个体和群体的情绪智商、培养驾驭情绪的能力,从而确保个体和群体保持良好的情绪状态,并由此产生良好的管理效果。

有研究表明,留守儿童的压力性生活事件数量与情绪管理能力同与父母联系程度息息相关。留守儿童容易面对更多的压力性生活事件,由于缺少与父母的沟通,其情绪智力不强,自卑、焦虑、叛逆等情绪并发,对其社会适应力造成严重影响,甚至危及身心健康。本项目的AI心理疏导平台运用大数据分析技术,构建模型,对结对学生近期心理状态进行预判,及时发现结对学生近期压力与情绪管理情况,以便志愿者对结对学生不恰当、不合适的压力与情绪处理方式进行及时有效的心理疏导,降低情绪处理不当转化为心理问题的概率。

②隐性心理问题。

隐性心理问题,是指表面正常,实际却存在一定心理障碍,长期积累后有可能爆发的现象。因为存在隐性心理问题的人平时与普通人无异,想要发现他们并非易事。为避免极端行为的发生,对有"隐性"心理问题的学生进行前期干预尤为重要。

在"五彩石"活动实践经验中,有过这样一个案例。M中学的小霞(化名)同学,长得很漂亮,平时是一个善良开朗的小女孩,却出现了自残行为,老师和父母对此十分困惑。后来与她结对的志愿者在一次书信交流中,发现小霞自残是由于她认为自己很漂亮,所以受到班上同学的排挤。隐性心理问题易诱发患病人群产生危害身心健康的极端行为,及时发现可以进行前期干预。本项目的AI心理疏导平台为隐性心理问题早期发现提供可能,志愿者针对结对学生的不良心理状态预警,在团队心理老师的指导下,进行妥善的处理,避免了该女生隐性心理问题产生更大危害。

③分离焦虑。

分离焦虑是指成人之间或者儿童与某个人(包括父母、爷爷、奶奶、外公、外婆等)产生亲密的情感联系后,又要与之分离时,从而产生的伤心、痛苦、不舍、担心、焦虑或不愉快的情绪反应。

"五彩石"活动的志愿者与结对学生一对一稳定结对两年,当完成结对时,志愿者与结对学生之间已建立连接,产生了情感联系,一旦分离容易使结对学生产生不良的情绪反应,本项目的AI心理疏导平台能通过心理预判,得出结对学生近期的情绪反应,使志愿者及时进行心理干预,在心灵交流上延长了结对时间,做到长期的心理陪伴。

(2)数据收集。

①心理测评(趣味游戏/心理测试)。在专门从事心理学研究的老师指导帮助下,项目团队结合心理学知识,制订了一套评定用户心理状态的测试题,根据测试题的属性和类别,分别设计成心理测试和趣味游戏,对用户在测试与游戏中的行为数据进行收集,获取用户的心理状态信息,运用大数据技术,结合心理学相关知识设计算法,构建用户近期心理模型。

②性格标签。志愿者通过与结对学生进行线下作文批改与书信交流,可以初步判定结对学生的性格特征,在本项目的AI心理疏导平台中,为结对学生添加性格标签,以便AI系统通过志愿者提供的结对学生个性化信息,智能化地构建用户个性模型。

(3)心理预判。

①设计原理。通过本项目的交互式心理陪伴空间,收集不同学生性格标签和以往心理测评的互动数据,包括趣味游戏的操作数据与心理测试的测试结果,通过AI系统,运用大数据

技术,结合心理学专业知识,构建学生个性化心理模型。对近期学生心理状态进行分析,得出结对学生近期的心理状态预判,并将测试结果推送给志愿者,以便志愿者了解结对学生近期的心理状态。同时,平台也会定期对结对学生的个性化心理状态模型进行更新。

②运行流程。运行流程如图3-8所示。

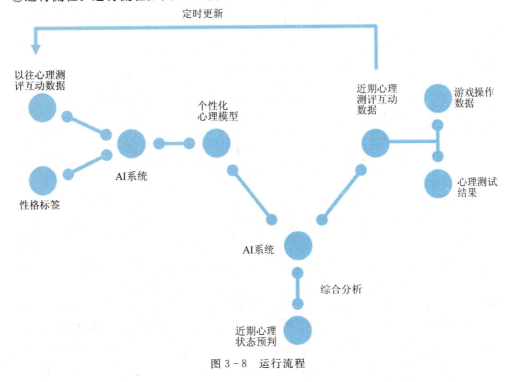

图3-8 运行流程

(4)心理帮扶。

①重构心理故事。

叙事治疗是属于后现代主义的心理治疗方法,采用了后现代主义的思维,关注个体从所处的社会文化环境中发展出来的生命故事。

"五彩石"活动以叙事心理学为指导,通过书信分享,重构心理故事。志愿者采取比较乐观、好奇的态度,尊重结对学生的经历,在作文批改与书信交流中,通过主动倾听与提问,帮助结对学生发现叙事中潜在的假设与不协调之处。结对学生的故事叙事需要是丰富的,而不是单薄的。丰富的叙事正如人类学研究那样,需要站在对方的文化环境中去理解故事叙述的意义何在。即便是协助结对学生寻找意义,其故事的诠释也必须回到他们的生活背景中,因为结对学生才是他们生命的主人。志愿者可以以"赋能"的方法,协助结对学生寻找生命中闪光点,特别是思索如何应对眼前的困境。

当志愿者获取AI心理疏导平台中针对结对学生的不良心理预警提示后,可以进一步关注下一次作文批改与书信交流中,结对学生的叙事中存在的潜在假设与不协调之处,以积极、乐观的心态发现其中的闪光点,通过"写"的方式重构心理故事,及时进行心理疏导。

②心理微课堂。

项目团队与相关高校以及心理诊疗机构的心理医师进行长期合作,录制针对留守儿童的心理辅导相关主题的系列视频,后经剪辑、制作后成为视频产品,在项目小程序的相关功能区上线。视频产品将保持一定的更新频率,以保证内容质量和时效性。此外,视频产品将以主题形式进行分类,每个主题面向不同的心理辅导方向,例如留守儿童群体中较为常见的早熟问题。每一份视频产品将分为两部分,一部分由需要接受该方向辅导的儿童进行观看,另一部分由志愿者进行观看,使其能够更好地解决留守儿童该方向的心理问题。具体产品内容如表3-4所示。

表3-4 产品内容

A 学习焦虑		B 对人焦虑		C 孤独倾向		D 自责倾向		E 恐怖倾向	
A1	A2	B1	B2	C1	C2	D1	D2	E1	E2
成人培训视频	留守儿童观看视频	成人培训视频	留守儿童观看视频	成人培训视频	留守儿童观看视频	成人培训视频	留守儿童观看视频	成人培训视频	留守儿童观看视频
F 冲动倾向		G 早恋倾向		H 早熟倾向		I 性教育倾向		H 人际交往障碍	
F1	F2	G1	G2	H1	H2	I1	I2	J1	J2
成人培训视频	留守儿童观看视频	成人培训视频	留守儿童观看视频	成人培训视频	留守儿童观看视频	成人培训视频	留守儿童观看视频	成人培训视频	留守儿童观看视频

③互助聊天室。

固定时间开放的互助聊天室,有利于志愿者与结对学生进行一对一线上交流。在作文批改与书信交流过程中已经完成稳定结对两年的志愿者与结对学生之间,可以获得另外一种方式进行结对交流,即:线上结对交流。互助聊天室每周末固定的时间开放,每次开放两小时,结对双方可提前选择每次开放的具体时间段,以人性化设计确保结对双方都能在空闲时间进行线上交流。

3. 差异化线下教学服务

线下差异化教学服务是利用线上的用户数据积累,突出面对面优势,打造比传统线下教育更加智能、比单一线上教育更加个性化的定制教学。在教学培训方面,本项目线下提供基础巩固、冲刺集训等课程,开展"985"高校学生的经验分享会。该类课程覆盖九大学科,拥有精品题库,以多种形式打造个性化定制教学。在心理辅导方面,项目与北京师范大学心理学协会联合实行心理辅导。志愿者团队根据线上数据反馈,对合作学校开展走访活动。本项目现已在四川部分中学开展了线下试点,2018年暑假假期招收了35人,2019年寒假假期招收了71人(含宏志班免费生16人)。

(1)免费"宏志班"。本项目为线上测试成绩优秀的学生和部分出具贫困证明的学生,免费提供教学资源,专设正常班次一致的"宏志班",并注重学生的心理辅导与学习方法的教授。截至目前,已有16名学生接受了该班教育。

(2)高中生14天基础巩固与强化班。线下教学服务的志愿者作为高考中的成功者,以自身经验总结了一手学习资料,作为基础巩固班的学习内容,巩固学生所学习的知识,并在此基础上提供强化练习,加深学生对知识点的记忆和理解。

(3)高三4天冲刺集训。在了解学生已复习掌握内容的基础上,志愿服务老师根据高考知识点要求,查缺补漏,对重点专题以及掌握不充分的专题,进行强化专题训练,以达到高考冲刺高分的要求。

(4) "985"高校在校生一对一辅导。来自北大、清华、川大、复旦、北师大、中科大等国内一流大学的各个专业的优秀学生,为结对学生提供一对一辅导,通过具体了解学生的不同困惑,有针对性地提出因人而异的解惑方案;并利用专业优势,对感兴趣的学生提供选择专业的建议和指导。

(5) 北师大心理辅导。在心理辅导方面,本项目与北京师范大学心理学协会一起为学生提供心理辅导,日常教学中重视情绪疏导、方法指导,落实心理健康的培育重点,力图实现高品质教学资源的精准倾斜。

(6) 志愿者走访。根据线上数据反馈,志愿者团队还会开展线下走访活动,为无法使用电子设备的极偏远地区发放纸质材料;志愿者探访自己的结对学生并进行深入面对面交流,全面地了解帮扶对象的家庭情况和心理状况。

3.2 经营设计

1. 线上:自营+合作

前期平台流量不大,收入主要以平台自营业务为主,一方面来源于用户个性定制服务,另一方面来源于视频类的打赏赞助系统。

平台将根据不同地区经济、教育水平等要素进行评估,有选择地开放部分付费型个性定制服务,为用户提供更加全面、精准的学习指导、测评。同时,平台会结合自制视频进行教学,视频内置的打赏赞助系统也将提供部分现金流。

当平台进入成熟期,完成用户积累之后,平台将引入家教机构入驻,收取佣金。此时用户数量快速增长,平台自营业务将无法满足更加异质化的定制要求。因此平台将引入一部分家教机构,在审核其内容之后,投放到平台中,从中收取佣金。

同时,平台还将寻找教育相关产业合作伙伴,开展定向广告业务。平台目前拥有大量用户信息,同时积累了口碑和用户忠诚度,可以完成精准推广、定向推广,并将流量高效地转化为购买力,这将吸引大量广告主购买本平台广告服务。平台将根据客户要求及与平台定位的匹配度,提供信息流广告、贴片广告、软文推广等多种形式的广告服务。

2. 线下:资料+服务

线下教学作为对学生成绩提升重要的部分,其服务侧重点更加倾向于精英培养。通过纸质资料销售,提供线下服务,项目团队已经在之前两次线下活动中获得稳定盈利,因此有了丰富的经验和雄厚的教学团队。

同时,项目团队不忘自己的公益初心,在线上开启测试通道后,为线上测试优秀的学生和已经部分出具贫困证明的学生提供免费教学资源。

3.3 技术设计

1. 线上:自适应教学

在项目团队的设计中,这将是一套互动的系统,像很多单词软件和维基百科一样,学生可以自己进行知识点补充、更新、纠错,并提供类似知乎平台一样的问答机制。在前期平台计划积累通过超1000万的用户学习数据、心理数据、身体健康数据等,并对数据进行广度收集与深度挖掘后,帮助训练 AI 系统完善自适应系统开发,实现真正的千人千面的个性化教育。在后期,团队将开发师生交互系统,其数据收集精确到每一个学校的每一个班级的学生,并把分析数据提供给老师,做到真正的因材施教,实现高效的自适应教育。

自适应教学系统见图 3-9。

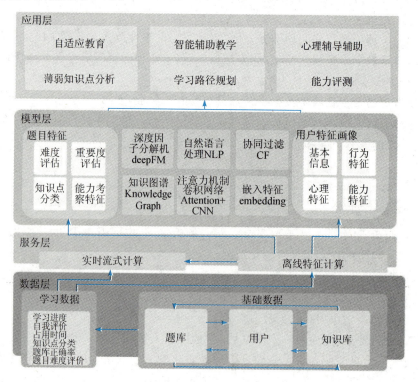

图 3-9 自适应教学系统

2. 线下:精英化培训

AI 教育的目的并不是取代人工教学,而是更好地辅助教师工作。因此,在开发自适应教学系统的同时,平台也将开展线下的精英化培训业务。与普通家教机构相比,平台拥有更加丰富的教学资源,更加多元精确的教学方法,提供的服务将更加适应不同学生的学习习惯。

3.4 组织管理设计

1. 组织性质

知微团队由西南财大、清华、北大、川大、浙大、重大等"985"、"211"高校学生组成,拥有四川大学与重庆大学等高校的"五彩石"志愿团,四川大学、浙江大学、清华大学等高校博士、硕士、本科学生组成的学泽技术团队,北京师范大学心理学协会组成的线上互助团队等。采用专职加兼职的组织形式,结构简单,领导关系清晰,责任明确,能够做到有序快速地进行管理。在后期,可以在组织的不断扩大和发展过程中逐渐增加、完善部门和职位,对机构的组织形式做进一步的优化调整。

2. 部门职责及配置

组织部门的结构如图 3-10 所示。

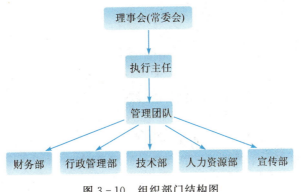

图 3-10 组织部门结构图

(1) 理事会。

理事会属于领导层,对知微团队负有监管责任。

职能:制订组织的章程,监督财务工作,筹集资金,确保组织设立及运行符合法律法规要求,维系组织的公信力,保证有效的组织规划,吸纳新的理事会成员,评估理事会的绩效,提升组织的公众形象,审批、监测并改进组织的业务内容。

(2) 理事长。

理事长由西南财经大学知微创始人袁懿担任,其具有较强的沟通能力、语言表达能力、协调能力、组织能力,曾组织过多次大型活动,具有较强的责任意识和领导意识。

职能:组织实施理事会决议;组织实施年度生产经营计划和投资方案;拟订经营管理制度;提请聘任或者解聘财务会计人员和其他经营管理人员;聘任或者解聘除应由理事会聘任或者解聘之外的经营管理人员和其他工作人员;确定企业发展目标及发展方向,进行企业策划;审批企业的重大事项;按时组织召开周例会、月总结会、半年总结会和年终总结会;审核批准会议决议;监督检查各部门工作标准的实施情况;审核批准财务报表;审核批准资金走向、资金用途。

(3) 执行团队。

执行团队的执行主任由熊宇航担任,其在高中就有参加模拟联合国的经历以及志愿者服务经验,有丰富的组织策划经验和较强的执行处理能力,现在负责与四川大学"五彩石"志愿者团队的联系。

职能:负责组织各方面的经营管理,协调各职能部门的关系,决定执行团队的人选,制定、实施并监督企业的发展战略。

(4) 行政管理部。

行政管理部部长由李梓涵担任,副部长由赵与辰担任。李梓涵现任四川大学"五彩石"志愿者团第十一届组培部部长,曾参与组织过多次大型活动,擅于调动他人的积极性。赵与辰现担任四川大学"五彩石"志愿团组培部副部长,组织大型活动和培训志愿者的经验丰富,语言表达能力和表现能力较强。

职能:负责选拔、配置、开发、考核和培养组织所需的各类人才,制订并实施各项薪酬、补贴标准,调动员工积极性,激发员工潜能,并对企业持续长久发展负责。此外还需要对各高校志愿团进行管理,包括人员的定期培训、活动的规划以及资金的支持。

（5）人力资源部。

人力资源部主任由孔言担任，其在四川大学"五彩石"志愿团内主管校地部的工作，对志愿团活动的流程、人员的需求和分工合作有清晰的认识。

职能：负责人力资源规划（包括组织机构的设置、组织机构的调整与分析、人员供给需求分析、人力资源制度的制定）、招聘与配置（包括招聘需求分析、工作分析和胜任能力分析、招聘程序和策略、招聘渠道分析与选择、招聘实施、特殊政策与应变方案）、培训与开发（包括理论学习、项目评估、系统方法等）、绩效管理（包括管理准备阶段、实施阶段、考评阶段、总结阶段、应用开发阶段、绩效管理的面谈、绩效改进的方法）、薪酬福利管理（构建全面薪酬体系）、员工关系管理。

（6）技术部。

技术部部长由聂施雨担任，其具有多次软件外包开发经历，多次获得国内软件开发奖项，掌握网络安全技术和网络开发拓展技术等。

职能：负责技术的研发，带领浙江大学、四川大学、北京师范大学、清华大学的开发人员进行软件的研究与人工智能系统的开发工作，以及网站平台管理、运营和维护，处理与产品和项目有关的技术问题。

（7）财务部。

财务部主任由李言担任，其擅长财务分析和市场营销策划，多次获得全国创业类比赛奖项，具有较为丰富的市场预测经验，能够对财务做出合理的规划和发展建议。

职能：根据国家财经方面的法律、法规、政策和企业发展战略，认真做好财务管理，确保组织资产和财产的效益和安全，保证各项工作的正常进行和不断发展。

（8）对外宣传部。

对外宣传部部长由李子君担任，其具有多年的宣传工作经验，工作出色、手段多样。

职责：负责组织对外的宣传工作，具体有视频的录制，照片的拍摄，广告、宣传片的设计、制作，新闻稿的撰写，微信公众号、微博等平台的运营。

3.5 财务设计

1. 投资计划

本项目已经投入市场并取得了一定的成绩。根据项目未来发展战略的需求，本项目在未来五年里吸收了原公司 100 万和外部风险投资公司 200 万资金，用于项目的进一步开发、革新和推广。

2. 成本来源

本项目运营成本构成除了开发费用、固定资产投资入其维护、场地租赁成本等部分以外，随着项目的发展，主要的成本还包括教育人员及工作人员的管理费用和平台的宣传费用。根据 2019 年预算和实际支出，两者相差不多，综合各方面因素和实际条件现做出了后续发展预算，如表 3-5 所示。

表 3-5 营业成本 （单位：元）

项目名称		2019年预算	2019年实际支出	2020年预计	2021年预计	2022年预计	2023年预计
工资	行政工资	20000	16500	22000	24000	24000	35000
	教师工资	36000	36000	40000	48000	60000	68000
	宣传工资	1200	275	200	300	300	300
	劳务费	4000	998	1000	1000	1000	1000
宣传费	宣传课本	2000	5200	4000	3600	3600	3600
	传单	1500	1426	1200	1000	1000	1000
	校报	300	300	200	200	200	200
	宣传杂费	800	579	600	670	600	700
办公费	办公用品	600	335	200	300	300	300
	办公杂费	600	741	600	600	600	600
租赁费	房租	5000	5000	6000	7000	8000	10000
	水电费	0	0	0	0	0	0
其他费用	差旅费	2000	1356	1300	1400	1400	2000
	教材费	2000	843	1000	2000	2000	2000
	固定资产	0	0	0	0	0	0
	招待费(对外)	1000	700	600	800	800	800
	通信费	200	200	200	200	200	200
	保险	1000	2120	2000	2000	2000	2000
	装修、维修	0	0	0	0	0	0
	计提支出	80200	72573	85100	93070	106000	126700

3. 项目收入概况

根据本项目的发展战略，以 2019 年、2020 年的主营业务收入额为基础，对未来三年的项目主营收入进行预测。主营业务收入预测如表 3-6 所示。

表 3-6 主营业务收入 （单元：元）

	年份				
	2019年	2020年	2021年	2022年	2023年
主营业务收入	249820	357820	432040	578370	647800

4 项目建设

4.1 组织建设

人力资源是社会各项资源中最重要的资源之一，是对组织产生重大影响的重要组成部分。

人力资源管理工作是一个有机的整体,各个环节的工作相互衔接,同时要根据不同的情况,不断地调整工作的重点,保证人力资源管理的良性运作,并支持组织战略目标的最终实现。组织为了提高工作效率、实现人力资源管理的最优化,需要对成员的分工、培训、发展、补贴等方面进行科学、合理的规划和配置。

1. 人力资源规划的目标

(1)把合适的人配置到适当的工作岗位上。

(2)引导新成员进入组织(熟悉环境)。

(3)培训新成员适应新的工作岗位。

(4)提高每位新成员的工作能力。

(5)争取实现创造性的合作,建立和谐的合作关系。

(6)坚持组织的政策和工作程序。

(7)控制劳动力成本。

(8)开发每位成员的工作技能。

2. 人力资源规划

人力资源规划如表3-7所示。

表3-7　人员部门规划表　　　　　　　　(单位:人)

部门	2018	2019	2020	2021	2022
行政管理部	2	3	5	6	8
人力资源部	4	6	12	18	22
财务部	2	4	6	8	10
对外宣传部	5	7	12	18	24
技术部	2	3	5	7	8
管理人员	2	2	3	4	5

本项目坚持人力资源规划和组织的发展规划相适宜,前两年注重产品的完善和不断扩大客户基础,主体工作为学习资源视频的制作、网站的宣传和微信公众平台的推送。因此技术部和宣传部的人数较多,营销策划部的人相对较少。一年后产品相对成熟,组织具有一定的知名度后,人力资源部和行政管理部人数增多,需要更多地引进人力资源管理类及管理类人才,以开拓市场,把与众多高校及其他志愿组织建立长期合作伙伴关系为主要发展目标。组织将严格有效利用人力资源管理法则,根据管理人员判断法、经验预测法、德尔菲法、趋势分析法等方法推断出未来人力资源的需求。

3. 人力资源的招聘配置

项目成立初期,组织规模不大,在招聘条件上,遵循"唯才是用、人岗匹配、适岗适人"的基本原则,从是否有过工作经验、是否拥有扎实的专业知识、对工作是否热情等方面考虑。

组织规模逐渐扩大后,每年由行政管理部部长根据工作岗位要求填写组织招聘人员需求表,提出招聘成员的需求理由,对招聘成员的详细要求、招聘方式等,上报执行主任审批,并与财务部主任协调薪酬问题,通过后由行政管理部进行面试招收人才。招聘与选拔流程见图3-11。

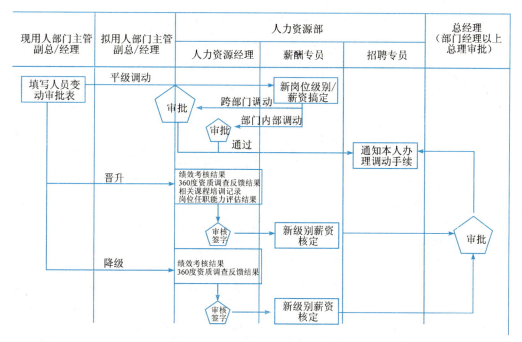

图 3-11 组织成员招聘与选拔流程

4. 人力资源的培训开发

组织会尽最大的努力帮助成员胜任工作并发掘成员的最大潜能,对于新进组织的成员来说,要尽快适应并胜任工作,除了组织提供培训学习的帮助之外,同时也要积极发挥自己的主动性去学习组织的理念、发展规划等。

知微团队初期会根据不同部门的职能特点、不同受训者群体的具体需求对其进行组织文化培训、规章制度培训、岗位技能培训以及管理技能开发培训。

培训开发的目标:①引导新成员进入组织(熟悉环境);②使新成员快速适应新的工作岗位;③提高新成员的工作能力;④为建立和谐的工作关系打下基础;⑤讲解清楚组织的政策和工作程序。

组织在线上网站的心理咨询、治疗平台的运营过程当中,涉及大量用户的隐私和数据保护,所以为防止竞争对手对网站的恶意攻击致使网站崩溃或者窃取重要数据,需要对技术部的人员进行严格的重点培训。

技术人员的培训目标:①打牢网络编程和网站维护技术功底;②增强网络安全意识;③掌握多样的网络安全攻防技术;④规范编码风格;⑤锻炼编程技巧。

组织将会根据现实情况在不同的发展阶段对各个部门的成员进行培训,力争让组织的每一位成员与时俱进,学到特定的技能和知识结构,提高自己的工作效率,更好地服务于组织。

5. 绩效考核与福利管理

(1)服务研发与迭代管理。

为了保障组织在技术和服务上的核心竞争力,本项目设计了一套行之有效的服务研发与迭代管理流程,见表 3-8。

表 3-8 服务研发与迭代管理流程表

项目名称	说明文档/操作方案
立项	1. 愿景:一句话表达要做什么 2. 分析市场机会和趋势决定策略 3. 确定目标用户的特征和核心需求 4. 现存的解决方案和各自的优劣势: 5. 该项目对知微志愿组织的利益点 6. 如果不做,哪些竞争对手会做,竞争对手的利益点 7. 需要哪些技术的支持和驱动,哪些技术是知微的弱项 8. 人力需求 8. 项目的紧急程度,是否需要快速推进 10. 发布策略 11. 核心衡量指标,用来衡量成功的指标
OKR体系	1. 从 Google 引进的 OKR 体系(objectives and key results,目标与关键成果)通过月度会议讨论时时跟进 2. 在月度会议上需要确定如何去达到目标,通过季度会议讨论及时调整目标 3. 每季度有一个目标与关键成果的讨论 4. 调整的原则是目标不变,只允许调整关键成果
项目管理	1. 任务/进度勤同步 2. 站立会议 3. 多方位沟通 4. 周会 5. 数据系统
人员管理	1. 改组/换组 2. 一对一对话机制 6. 个人目标和业绩体系

(2)绩效考评与薪酬管理。

组织会制订一系列激励政策激发成员活力。如各部门根据绩效考评进行奖金分发、对组织里程碑式发展有贡献的员工进行奖励等,见表 3-9。

表 3-9 组织成员薪酬 （单元:元）

部门	2018 年	2019 年	2020 年	2021 年	2022 年
行政管理部	2500	3000	3500	4000	4500
人力资源部	2500+绩效	3000+绩效	3200+绩效	3500+绩效	4200+绩效

6. 志愿团队的人力资源管理

(1)志愿者招募。

各高校每年参照四川大学"五彩石"志愿团对志愿者的招募流程和招募条件制订自己的招募计划,包括干事和志愿者数量需求、宣传材料需求、经费需求等,积极与本校马克思主义学院沟通,利用思政课堂进行宣讲,以策划形式上交本项目组织行政管理部,利用组织行政管理部提供的资源在本校进行志愿者的招募活动。活动结束后向组织行政管理部提交招募情况反馈表。

四川大学"五彩石"志愿团每年都会招收新的干事和志愿者,从策划开始,经过宣传、摆摊、宣讲、表筛、面试到录取结束,已经形成了一套严密、成熟的体系,经过简单地修改就能适用于各高校志愿团的招新。

(2)志愿者培训。

组织行政管理部每年制订详细的社团负责人培训计划,根据各高校的志愿者人数划分名额,各高校的负责人在前往组织总部完成培训之后,返回各高校进行干部、干事和志愿者的培训工作,向组织行政管理部反馈培训情况并提交总结报告。

各高校志愿团对志愿者的培训可借鉴四川大学"五彩石"志愿团以往的培训会流程和要求。培训志愿者主要为了达到以下五个目标:①帮助孩子写好作文;②帮助孩子有效学习;③帮助孩子获取各种有益于成长的信息;④帮助孩子缓解心理困惑,促进孩子心理健康,达到心理的完满康强;⑤帮助孩子提升人文精神,促进孩子德、智、体、美全面发展。同时,各高校志愿团从专业的角度出发,对志愿者进行相关心理知识培训和作文点评知识培训,最重要的是各高校志愿团要继承特色志愿服务的长效机制,强制要求志愿者每次结对时间为 2 年。

(3)团队考核机制。

各高校团队利用志愿团的制度和考核方法对各高校管理人员、志愿者等人力资源的质量进行审查,保证人力资源的结构合理,分布均匀,最终得到充分利用。

①干部考核机制。考核指标为:是否出于公心;是否履行职责;是否相互协助;是否有组织能力;是否有协调能力;是否实现了目标。共设置了 18 项考核指标。

②志愿者考核机制。

A. 作文交流情况考核。共设置 7 项考核指标:"五心"(爱心、细心、热心、耐心、用心)标准是否践行、书写是否工整、问题是否发现、批改是否正确、批改是否量大、书信交流是否积极、管理是否配合。每次作文交流给予一定的标准志愿服务时数。根据考核情况确定实际的志愿服务时数。

B. 促进"五彩石"活动发展情况考核。促进"五彩石"活动发展包括两个方面:一是通过活动促进"五彩石"活动发展,包括会议、招新、联谊、团体辅导、主题活动、讲座培训、心理咨询、讨论总结等。为了简便,将"五彩石"活动的所有例会都归入其中。二是通过作品促进"五彩石"活动发展,包括各种文章,以及各种文学、艺术、音乐、美术作品。为了简便,将活动的组织者、演讲者、培训者的工作作为一个作品,每一次活动作为一个作品。

7. 志愿者退出

由于转学、在校犯有重大错误、不能满足活动参加的基本要求等个人原因要退出志愿团的必须执行相关程序。"五彩石"志愿者的退出分两种情况:一是自愿退出,二是劝退。"五彩石"志愿者的退出是一件必须要严肃对待的事情,要有严格的退出程序。其退出程序为:申请→沟通→承诺→审批→交接→志愿服务时数计算→重新加入。

4.2 技术建设

1. 扶贫扶智,公益先行

教育不公平很大程度上源于信息壁垒。广大贫困地区学子因为自然条件、经济条件等因素,无法和发达地区学生享有同样的教育资源。教育资源匮乏,师资水平偏低成为偏远地区教育痼疾。同时,广大贫困地区和四、五线城市收入不高,加之教育的投入比例偏低,硬件设施相对落后。项目的教育平台旨在打破这一现状,通过"线上教育平台+线下教育基地"将优质教育资源输送到贫困地区。

"扶贫先扶智",本项目将公益导向置于发展战略的核心,依靠自建大数据平台打破信息壁垒,通过微信公众号、微信小程序与 App 为偏远地区学生提供优质教育资源。

本项目的扶贫方式为轻量重装,因地制宜。"轻量"指团队将摒弃庞杂的硬件设备,使用轻量级微信小程序提供高质量的公益课程,最大限度地降低硬件要求,以求得更高的渗透率。而"重装"则指平台在微信小程序上搭载丰富的教学资源。线上教育内容与资源将全部以公益形式发放,学习方法与硬性知识同行,高考资料与艺体类培训并重。本项目秉承"老师有的是教育方法,而项目团队有的是学习方法,授人以鱼不如授人以渔"的理念,帮助许多学生从根本上走出学习困境。同时本项目计划设置专项基金提供给有艺术、体育、竞赛特长或成绩优秀的贫困生,从物质基础上为他们的教育保驾护航。

2. AI 护航,精准服务

AI 教育对个性化教学的支持度更好,其核心竞争力就在于精准、互动教学。通过前期免费使用,本项目平台比其他营利性 AI 教育机构获得了更多、更异质化的用户数据,为完善的 AI 非监督学习,提供了更精准、更加个性化的教学服务。

(1) AI 教育:在线教育的下一个风口。

在线教育热度居高不下,而 AI 教育将是下一个重新布局的风口。传统在线教育仍然依靠人力,进行一对一、一对多服务。而借助技术突破,AI 教育可以自发自动地提供更加个性化的学习体验。

(2) 更广辐射范围,更精准自适应服务。

目前国内已有的 AI 教育品牌中,较大的平台截至 2019 年 1 月只有 10 万的不固定用户,使用频率低,数据量不足够支撑系统做到准确诊断每个学生的知识掌握度。

在数据体量上,项目团队可以通过提供用户免费使用的方式,快速获得大量用户数据。同时相较盈利为主的机构,项目团队深入偏远地区,获得的用户数据在质上将更加多元。另外,通过区块链技术,项目平台有效保证用户数据的安全性、保密性。

3. 心理诊断,全面教育

心理障碍问题长期以来都被各类教育扶贫项目所忽略。偏远地区的部分学生因为父母外出打工长期缺少关爱,自身长期贫困往往萌发学习不重要,打工才是出路的想法,甚至滋生了偏执、孤僻的性格缺陷。本项目平台将推出独具特色的心理诊断测试,帮助乡村贫困地区因贫困、疾病等造成心理创伤的中学生。北京师范大学教育经济学杨娟教授、心理学家格桑泽仁教授带领心理团队,为中学生提供线上全方位的心理诊断测试,帮助学生解决心理问题,积极面对学习生活,让教育不再是简单的书本知识传达,更是心灵的交流与开导。

平台还建立了线上3对1互助会,发挥优秀大学生同代人的优势,打通与学生之间的沟通。平台还招募了部分大学生,提供贴近时代理念、贴近同龄人心理的建议。

4.3 经营系统建设

1. 成熟的理论支撑

"五彩石"志愿团经过10年的发展,已衍生出一套符合自身特色的科学理论体系,并出版了三本理论书籍(见图3-12),主要理论即开放式叙事,是把当事人置于一个开放的、多向互动的环境中,产生复杂扰动,促使当事人去重新认识支配性故事,发现积极实例,外化问题,重构自己的生活故事,重拾信心。

图3-12 志愿团出版的理论书籍

2. 独特的长效机制

本项目建立了独特的长效机制,见图3-13。

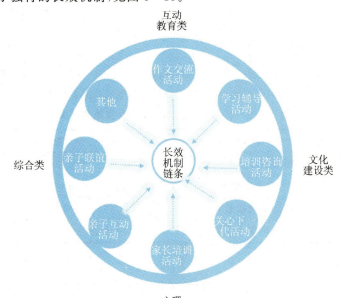

图3-13 长效机制链条

3. 完善的活动流程

10 年的活动经验,使"五彩石"活动无论从大的活动流程,即"五彩石"志愿者招新、培训到退出,还是从每一次小的活动,即常规的作文批改及书信交流活动或者特色的实地交流联谊活动,都有完备的策划方案。

4. 稳定的结对学校

从 2008 年到 2017 年,"五彩石"志愿团结对人数共计 9706 人,志愿者人数共计 9067 人,作文交流次数共计 676 次,作文活动结对学校共计 30 所,见图 3-14、图 3-15、表 3-10。目前,"五彩石"志愿团共计 23 名指导老师,2034 名志愿者,横跨 29 个学院。

图 3-14　2008—2017 年秋季结对学校数量变化

图 3-15　2008—2017 年秋季结对学生与志愿人数变化

表 3-10　2008—2017 年秋季作文交流情况表

项目	数量
结对学生人数共计	11822 人
志愿者人数共计	11119 人
作文交流次数共计	725 次
结对学校数量	37 所

5. 显著的已有成效

在"五彩石"活动开展之初,调查发现存在部分创伤后应激障碍症状的学生有 22.2%。在开展"五彩石"活动 1 年多后,存在部分创伤后应激障碍的学生比率下降到 6.6%,可能出现创伤后应激障碍的学生为 5.9%。可见,参与"五彩石"活动的灾区学生,其创伤后的成长是很明显的。

4.4 营销推广

本项目营销推广模式见图 3-16。

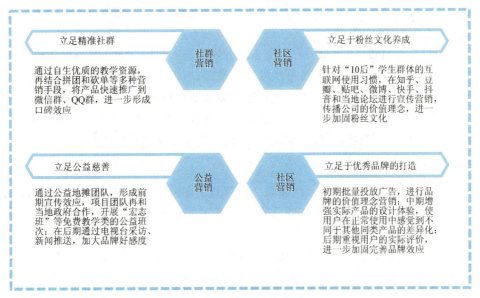

图 3-16 营销推广模式

1. 营销推广原则

(1)营销推广的经济性。尽量减少推广的直接投入,即尽量采用借力的方式推广。借力推广是指平台通过推广活动创造型设计吸引其他企业共同参与活动,平台向这些企业收取活动经费,从而达到降低推广成本的目的。

(2)营销推广的信息性。力求掌握大量有效的市场信息,避免出现在营销策划方案在执行时与现实不吻合的状况,在设计营销方案时必须要以充分的调研信息为基础,在大量准确的市场信息下,才能确保营销策划方案的成功实施。

(3)营销推广的系统性。策划案往往涉及多部门的共同协作,因此要协调好设计部门、财务部门、市场部门等多部门的合作。进行营销策划时要系统性地分析内部环境和外部环境影响,比如宏观市场环境、竞争对手情况、消费者需求、公司本身产品以及市场情况等方面,将这些因素统一结合利用起来,为项目展开营销策划服务。

(4)营销推广的时机性。营销推广要注意及时、快捷和把握机会,重视空间与时间之间的衔接,确保营销策划完美完成。

2. 营销推广方式

(1)线上线下结合的方式。线下推广方式包括海报、户外广告等;线上推广活动包括在本网站和其他网站上发布网络广告、公告信息、友情链接等。通过线下推广和在其他网站上的推广来推广本网站,通过本网站的线上推广来推广线下活动。

(2)独立推广和联合推广结合的方式。独立推广是网站以自己的名义推广自己的项目,且推广内容只包含项目本身的推广信息;联合推广是企业牵头联合其他商家共同推广,这种方式可以起到借力的效果。

(3)闯入和互动结合的方式。闯入式推广是在没有得到受众许可的情况下将推广信息打入受众注意范围内的推广方式;互动式推广是受众本身感兴趣,进而主动参与,与平台进行信息互通的推广方式。闯入式推广方式效果远不及互动式推广方式,但没有闯入式推广,受众也不会产生兴趣,当然也无法开展互动式推广活动。

(4)广告推广、人员推广、活动推广相结合的方式。这三种推广方式各有优劣势,广告推广受众面最广,但推广的深度最浅;人员推广的深度最深,但受众面最窄;活动推广是综合性推广方式,本身就包含了广告和人员推广方式,其受众面和推广深度介于前两者之间。这三种方式中,广告推广和活动推广适合用于个人会员的推广,人员推广适合用于企业会员的推广。这三种方式中,人员推广成本最高,广告成本次之、活动推广成本视活动具体情况而定。

3. 前期:引流量,立口碑

前期营销主要集中在增加客流量、提高产品知名度方面,项目团队提出以下营销方案。

(1)微营销。产品初期,项目团队成员通过宣传公众号,在QQ空间、朋友圈、微博等平台宣传产品,达到初期吸粉的目的。

(2)地推模式。结合项目团队实际基础,可以考虑在目标地区进行地推营销。

(3)价格策略。前期我们考虑开放一定的免费体验资格,以及给予部分学员优惠价格,在前期达到吸粉的目的。

(4)口碑营销。在前期打造优良的口碑,尤其是在部分小城市以及乡村地区,这些地区比起大品牌而言更加信任口碑文化。

4. 中期:固形象,扩范围

(1)品牌战略:优质服务强化口碑。携手AI云服务器的开发与维护,在自己AI平台搭建的同时,进一步优化核心产品内容,从产品上给予用户优良的体验,积极拓展新业务,提升团队的综合竞争力。

(2)广告投放:密集广告扩大知名度。利用一些网络名人的公信力进行宣传营销,以及在微博、抖音、快手、微信公众号、知乎等地方投放广告,提升品牌知名度。

5. 后期:养社群,自驱动

(1)巩固品牌形象。为充分利用社会资源,实现社会企业与学生组织的双方共赢,项目平台将与众多社会企业达成合作建立整合的品牌服务模式。平台应当实现"平台设计→广告策划→信息推广→用户反馈"的整合一体化服务模式,以使平台整个的风格与其提供的服务性质融合较好,以突显其品牌的区分度,并且按此机制不断完善与发展产品。

(2)运用多元化的品牌建设方法。在平台发展到一定程度后,其可用资金已经充足,项目团队将采用更多元的宣传方式,以深化企业文化。项目团队针对品牌宣传的措施可以采取多元化的组合宣传方式。

(3)公益营销。项目平台开放了免费"宏志班",正如前文所述,项目团队一直走在公益教学的路上。未来,我们也会针对贫困地区开放更多的、免费的、优质的课程资源。

5 项目运行与维护

项目运行与维护模式见图 3-17。

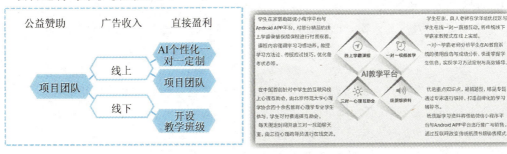

图 3-17 项目运行与维护模式

5.1 运行与维护过程

1. 造血能力

第一阶段:项目团队从公益出发,可以获得一定量的公益赞助,为项目团队积累初始资金。

第二阶段:项目团队通过线上小程序平台、公众号平台的广告盈利,能够有更多的收入。

第三阶段:根据不同地区经济、教育水平等要素评估,通过线上的付费项目 AI 个性化一对一定制,为有特别需求的学生进行更进一步的定制项目。同时在更新教学视频和知识点的时候,开启打赏通道,通过直接打赏获得直接盈利。在线下辅导教学中,可获得直接盈利。

2. 服务输入

本项目针对特殊人群的心理问题,以心理环境方法、叙事心理学为指导,开展了以"五彩石"命名的心理与文化重建活动。活动中,"五彩石"活动旨在关爱未来生命成长过程中迫切需要帮助的中小学生,并为他们提供更好的成长环境。

3. 服务输出

每年,将近 2000 名大学生与生命成长中迫切需要帮助的中小学生一对一稳定结对,进行每学期 3~4 次的作文批改与书信交流。当结对学生写好作文与书信,由结对老师统一收集整理并打包邮寄至结对大学,由"五彩石"活动管理人员将作文分发给志愿者。待志愿者批改完后,负责人回收整理作文并寄回学校。在批改作文的同时,志愿者与结对学生书信交流,对结对学生进行学习辅导。除传统的作文批改与书信交流活动外,项目团队还会组织不定期地实地联谊、讲座培训、团体辅导等,以缓解结对学生心理问题。

5.2 运行与维护效果

"五彩石"项目还是一个有着传承公益性质的项目。许多结对学生在参与"五彩石"项目后考上大学。有的考上四川大学后又成了"五彩石"的志愿者,更有志愿者在毕业后回到中学成为结对学校的指导老师。

在未来我们有着清晰而明确的目标,即打造中国最大的 K12 教育数据库,将数据的优势与数据的价值发挥到最大,切切实实地改变中国的教育现状,真正实现个性化教育。

(1) 快速推广 App 与微信小程序，2019 年 10 月获得百万日活用户量，建立教育产业数据库；继续吸收银川、兰州的高校加入"五彩石"活动当中，让心理陪伴活动从四川、重庆、山东、湖北、广东走向宁夏与甘肃。打造全民产品的品牌文化，提升品牌价值与口碑。

(2) 未来三年计划拓展 30 个线下工作站，从四川、重庆、宁夏开始稳定地拓展到湖北、陕西等地，实现稳定的营收与三、四、五线城市的良好口碑效应。通过工作站吸引更多的"985"高校的有志青年加入进来，实现人才的汇集并持续提高品牌的知名度。

(3) 2019 年下半年已开展了小学六个年级的产品开发，2020 年完成覆盖 K12 的小初高全套产品研发。同时重视热点编程教育，与乐檬互动科技公司一同研究开发少儿编程学习系统，通过线下工作站让更多四、五线城市的学生与乡村地区的学生有机会接触到编程教学。

(4) 2021 年公司重心从 K12 公益教育线上平台转向同公立学校、合资中学开展课堂教学系统开发的转移。借助已有大数据优势与技术平台，开发中小学个性化教学平台。希望通过我们的理念与初心、数据与技术帮助更多贫困地区的学校获得更优质的教育服务。

(5) 2025 实现中国的课堂个性化教育，将新的学生个性化学习平台、新的教育模式推广到更多的学校。推动中国基础教育的创新与改革，真正让每一个孩子都能够以低廉的价格得到最好的自适应个性化教育与心理的成长陪伴，用技术、行动与爱心响应国家扶智扶贫号召，阻断贫困代际传递。

6　分析与评价

6.1　指导老师点评

知微团队以"通过教育阻断贫困代际传递"为使命，为贫困地区的中小学生提供免费、优质的教育服务。学生在参赛过程中，努力搭建平台、整合资源、力求创新，现在知微及其合作平台已有注册志愿者 13000 余人，合作学校 39 所，累积结对学生 13128 人，线上平台用户量超 10 万。自 2017 年开通公众号以来，总浏览量达到 10 万次。知微团队获得了中新网、新华社、中国青年报等媒体报道，获得了国家部委颁发的多项志愿服务奖项。如若运作顺利，知微计划打造中国最大的 K12 教育数据库，将数据的优势与数据的价值发挥到最大，切切实实改变中国的教育现状，真正实现个性化教育。

6.2　专家评析

该项目能够为贫困地区的中小学生提供免费、优质的教育服务，为改变教育不平等做出一份贡献。项目运用了 AI 等前沿信息技术，同时也运用了心理学知识，促进学生的成长。项目具有现实性、技术先进性、分析深入性等特点。开展这样的项目，对学生提高社会责任感、技术能力、知识结构、社交能力都有很大促进作用。

评阅人：乔志林（西安交通大学副教授、博导）

案例四　呼吸未来，生态涂料领航者

——以核心技术打造中国首家生态环保涂料行业一站式服务平台

获奖情况：第十届"三创赛"特等奖
参赛团队：延边大学 延伊团队
参赛组长：历新宇
参赛队员：于子贺　孙龙钊　周　瑶　王　威
指导教师：韩顺玉　呼延文娟　柳　梅　金京浩
关键词：生态涂料　自营产品　核心技术　一站式服务平台

案例视频

摘要：本项目立足互联网的共享特点和精准营销、线上线下互动的思想，依托自主研发的生态涂料产品，综合电子商务的强大优势，通过整合生态涂料行业的有关信息，建设生态环保涂料一站式信息平台，致力于成为生态涂料行业的领航者，促进生态环保涂料行业实现快速整合和可持续性发展。

1　项目简介

1.1　项目主要意义

"呼吸未来"生态环保涂料一站式信息平台是一个生态涂料信息平台和消费决策入口，拥有及时、准确、全面的生态涂料的产品信息，并且在未来会搭建更大的生态涂料销售平台，能够为消费者提供更便捷的生态涂料信息查询服务和产品购买服务；此外，将全面地整合生态涂料行业的有效信息，并进行合理有效的分类归纳，致力于成为生态涂料行业的信息领航者，为行业发展和业内人员交流提供信息支持。

本项目将电子商务有效地融合到了传统工业领域，实现了工业行业与电子商务的有机结合，为未来在传统工业领域的电子商务发展提供了不同的思路和经验。

1.2　项目达成目标

本项目立足于自主研发的生态涂料产品，综合电子商务的强大优势，通过整合生态涂料行业的有关信息，建设了生态环保涂料一站式信息平台，致力于成为生态涂料行业的领航者，促进生态环保涂料行业实现快速整合和可持续性发展。

1.3 项目主要内容

本项目以助力美好新生活为宗旨,以谋求生态涂料行业的共同繁荣为基本理念,打造生态环保涂料一站式服务平台。该平台将多个参与方(生态环保涂料相关企业与消费者)积聚在管理范围内,并利用基础技术和作为第三方企业的互补性创新,产生正反馈循环和网络效应,用丰富的内容和优质的服务积累商家和忠诚用户。平台主要包括信息咨询模块、自营商城及"涂料社"论坛三大部分。

1.4 项目技术路线

本平台以核心技术为导向,创建产学研一体化的服务平台,实现信息咨询、产品信息比较、产品销售和购买以及技术交流等一站式服务。

1.5 项目特色

1. 整合信息资源

本项目对生态涂料的相关规定、产品信息、生产企业、行业协会等信息资源进行了挖掘、整合,消除信息孤岛现象,实现了信息共享,提升了信息价值,面向生态涂料行业打造出高水平的行业一站式信息平台。

2. 销售自营产品

本项目拥有自营的生态涂料产品,此产品基于国内最先进的"伊利石提钾＋硅源"同步绿色利用技术,具有去甲醛率高、低能耗、低成本、附加值高等特点,符合消费者所追求的绿色低碳环保的消费需求。

3. 构建论坛平台

本项目为市场消费者和行业内的专业人员搭建了"涂料社"论坛平台,在此平台中消费者可就产品信息、购买经验等进行交流,并可发布信息向专业人员寻求帮助;业内人员可通过此平台进行行业内交流,分享经验,也可为普通的消费者提供专业解答。

2 项目分析

2.1 市场需求分析

近年来,我国经济社会不断发展,人们的生活水平也逐渐提高,伴随而来的是人们对于健康关注的提高,尤其 2020 年疫情更是如此。"家"是人们休息的港湾,是人们生活时间最长的地方,这也就使得人们对于居住环境的要求也有了较大的提升。自 2008 年以来,全国各省市不断推出商品住宅全装修的相关政策,数据统计,截至 2017 年我国累计竣工面积再创新高,建筑涂料占比达到 39.6%,建筑涂料市场有了飞速的发展。为了保障人们拥有绿色环保的居住环境,国家也通过制定各种规范、标准、政策对涂料产品中挥发性有机化合物的含量进行了严格控制和管理。因此，生态涂料成了涂料行业未来的发展方向。

目前，内墙家装涂料市场存在以下问题：传统涂料由于污染严重、技术落后正逐渐失去市场，生态涂料行业虽然前景广阔，但新型涂料产品标准乱、管理乱等问题使得行业发展缺乏动力，并且由于产品专业性的原因，消费者缺乏相关的专业知识，也无法做到各类产品性能、价格等的直观对比。因此在购买涂料产品时，往往只能听从非专业的销售人员的意见和建议，正是这种信息不对称致使消费者可能购买不到适合自己的产品。

基于此，我们将打造了"呼吸未来"生态环保涂料行业一站式服务平台，致力于打破行业固有模式，实现行业信息资源整合与产品自主研发技术双轨并行，从而为消费者提供更便捷完善的信息查询服务和优质涂料产品的购买配送服务。

2.2 产品市场定位

目前市场上的内墙装修涂料依然以传统有机涂料为主，但传统有机涂料技术落后，甲醛污染问题严重，而以硅藻泥、贝壳粉、化工调和漆为代表的新型环保涂料虽然能够解决甲醛释放的问题，但是作为一种新型产品依然存在标准乱、价格乱、管理乱以及服务乱的不足。

格局分散、标准不统一是目前生态环保涂料行业的常态，市场上虽然存在不同的平台，但在生态环保涂料领域也存在着严重不足。如中国涂料工业协会的标准和官网平台只适合业内人员使用，各涂料企业的官方平台没有专门的生态涂料版块，以大数据为基础的个性化推荐系统具有碎片化的特点，都无法为消费者提供针对性的服务。

本项目立足于拥有核心技术的自营生态涂料产品，及时、准确、全面的生态环保涂料领域信息资源，以及供消费者和业内人员自主交流的特色论坛，打造真正以消费者为本的一站式服务平台。各类油漆涂料市场占此如图4-1所示。

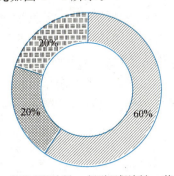

图4-1　各类油漆涂料市场占比

2.3 可行性分析

1. SWOT分析

我们平台的SWOT分析如表4-1所示。

表 4-1 SWOT 分析

	S 优势	W 劣势
	1. 拥有一站式信息服务 2. 为消费者决策提供便利 3. 拥有实体销售产品	1. 市场知名度不高,尚未形成品牌效应 2. 实体产品品牌竞争力有待提高
O 机会 1. 互联网与电子商务迅猛发展 2. 疫情期间国家出台政策推动互联网发展 3. 生态环保涂料成为涂料市场消费新的需求	SO 1. 抓住互联网和电子商务发展的时机,迅速提升平台实力 2. 根据人们的消费需求,继续生产更环保的生态涂料	WO 1. 利用互联网传播快、受众广的特点推广平台 2. 利用国家政策支持,提高竞争力
T 威胁 1. 各竞争对手的威胁 2. 房地产行业增速放缓乃至下滑风险	ST 强化平台的一站式服务,增强优势	WT 与政府保障性住房等项目展开合作,提高实体产品的竞争力,提升平台市场知名度

2. 政策因素可行性分析

(1)地区发展政策的影响。

①吉林省安图县是我国的贫困县,当地政府为加快脱贫攻坚速度,高度重视伊利石资源的开发利用,并将开发规划纳入每年的政府工作报告中。安图县政府积极引进具备矿山开采条件的项目,已建立了 3 个伊利石综合加工项目落户园区,并出台了相关政策:在伊利石产业方面,依据资源特性,明确产业开发重点,举全县之力抓好产业开发,力争到 2020 年,将伊利石新材料产业园区打造成集生产、销售和新技术、新产品研发于一体的大型产学研基地和全国最大的伊利石产品集散地,实现产值 10 亿元。

②《安图县城市总体规划(2016—2030)》《安图县国民经济和社会发展第十三个五年规划纲要(草案)》都提出了要打造安图县伊利石加工制造业特色产业生态。总体来讲,经过几年的实施,对规范市场和推动伊利石加工行业的技术进步起到了积极推动作用。在此背景下企业无疑将得到更多法律保护,获得更加健康快速的发展。

③《中共中央国务院关于全面振兴东北地区等老工业基地的若干意见》指出,到 2020 年,东北地区要在重要领域和关键环节改革上取得重大成果,转变经济发展方式和结构性改革取得重大进展,经济保持中高速增长,同步实现全面建成小康社会目标。

(2)环保理念与政策的影响。

近年来,国家通过制定规范、标准、政策对涂料产品中挥发性有机化合物的含量进行了严格控制和管理,为涂料行业未来绿色发展确定了方向。

①在 2015 年 1 月 26 日,财政部与国家税务总局联合发布了《关于对电池 涂料征收消费税的通知》,该通知指出:"为促进节能环保,经国务院批准,自 2015 年 2 月 1 日起对电池、涂料征收消费税。"其中,在生产、委托加工和进口环节征收,适用税率均为 4%,同时,对施工状态下挥发性有机物(VOC)含量低于 420 克/升(含)的涂料免征消费税。

②2016 年 9 月 28 日,工业和信息化部发布的《建材工业发展规划(2016—2020 年)》里提到,"十三五"要推广使用长寿命、低渗漏、免维护的高分子材料,发展无污染、健康环保的装饰装修材料。

③十八届五中全会通过了《中共中央关于制定国民经济和社会发展第十三个五年规划的建议》,生态文明建设首次被写进五年规划的任务目标。在"十三五"节能和减排的工作方案中提出主要目标:在 2020 年,全国万元国内生产总值能耗要比 2015 年下降 15%。

④2017 年 10 月十九大召开,十九大报告在新时代坚持和发展中国特色社会主义的基本方略中提出了坚持人与自然和谐共生。十九大报告明确建设美丽中国的第一个阶段,即从 2020 年至 2035 年,要做到生态环境的根本好转,并提出要着力解决突出环境问题等一系列措施要求。

(3)新型城镇化建设政策的影响。

十八届三中全会将推进绿色建材的环保化、减少城市建设中的污染提到议程。全会要求坚持走中国特色新型城镇化道路,对于新型城镇化的发展,势必要走一条绿色协调的可持续发展道路。此外,国家持续推进西部大开发战略进一步强化和"扩内需、促消费"的建材下乡等措施。国家对于新城镇化的建设势必会推动房地产、基础设施建设等与涂料密切相关的行业的发展,而这也将会推动房地产、基建设施等涂料相关的配套产业的发展。

3. 经济因素可行性分析

(1)国内宏观经济形势。

①中国经济发展进入新常态。

近年来,我国的经济一直保持较高的发展速度,综合国力日益加强,据国家统计局发布的《国民经济和社会发展统计公报》显示,近五年,国内生产总值呈稳步上升趋势,国内经济形势良好(见图 4-2)。根据国家统计局统计数据显示,截至 2018 年,国内建筑业的生产总值也呈上升趋势(见图 4-3),建筑涂料的生产和消费得到了迅速的提高。对于涂料行业而言,也由过去的粗放式、爆发式的增长转变为正常的增速。

图 4-2 近五年国内生产总值

图 4-3 近年建筑业总生产值

在"十三五"规划中提出了创新、协调、绿色、开放、共享的发展理念,涂料行业也需要进行科技创新,开发出符合社会经济发展的无毒无害的、环境友好型的高端涂料产品。

②疫情对全球经济产生严重冲击。

全球经济增长持续放缓,新冠肺炎疫情的蔓延更加大了经济复苏的不确定性。有专家认为,疫情不仅导致大量经济活动骤停,而且疫情的不确定性加剧了恐慌。未来一段时间内,多数国家经济继续下滑,世界经济步入衰退的可能性很大。

③新兴行业不断出现。

在"大众创业、万众创新"的号召下,我国国民经济各部门正在进行如火如荼的技术创新、经济模式创新,出现了许多新兴的行业,如信息产业、互联网经济、新能源等。新经济的高速发展,为众多的行业,当然也包括涂料行业提供了新的市场增长空间和机会。

④工业互联网发展迅猛。

我国是网络大国也是制造大国,发展工业互联网具备良好的产业基础和巨大的市场空间。2018 年、2019 年我国工业互联网产业经济增加值规模分别为 1.42 万亿元、2.13 万亿元,同比实际增长为 55.7%、47.3%,占 GDP 比重为 1.5%、2.2%,对经济增长的贡献为 6.7%、9.9%。其中,工业互联网核心产业稳步增长,2018 年、2019 年核心产业增加值规模分别为 4389 亿元、5361 亿元;工业互联网融合带动的经济影响快速扩张,2018 年、2019 年增加值规模分别为 9808 亿元、16000 万亿元。2018 年、2019 年我国工业互联网带动全社会新增就业岗位分别为 135 万个、206 万个。2020 年,我国工业互联网产业经济增加值规模约为 3.1 万亿元,占 GDP 比重为 2.9%,对经济增长的贡献超过 11%。其中,核心产业增加值规模达到 6520 亿元,融合带动的经济增加值将达 2.49 万亿元。2020 年,我国工业互联网带动全社会新增就业岗位 255 万个。

(2)房地产等行业发展对涂料行业的影响。

如图 4-4 所示,据国家统计局数据,近五年内地产开发投资呈上升趋势,发展态势良好,同时,在"房住不炒、因城施策"的政策主基调指引下,2019 年上半年房地产销售热度有所减退,增速较上年同期放缓,但总体销售规模保持增长,市场集中度继续提升,房地产的龙头企业表现尤为明显。房地产行业集中度的提升,对建筑涂料行业的企业在规模、服务、资金、品牌等方面提出了更高的要求,将深刻影响建筑涂料行业的竞争格局。

图 4-4　近五年房地产开发投资额

同时,绿色、高端的建筑涂料成为市场主流,最受欢迎的莫过于无 VOC(挥发性有机化合物)、无铅的涂料。由于对可持续性和严格监管的重视,消费者越来越意识到购买环保涂料产品的益处。在消费者的日常生活中,溶剂型涂料需求量减少,水性涂料和粉末涂料等环保产品的比重提高,绿色环保可持续发展变得越来越重要。

综合以上情况,房地产等其他行业的发展对生态涂料产品需求会持续增长。而居民购买需求的增长使得企业所在行业拥有一定规模的集团客户和数量庞大的个人用户群。这些都是涂料市场现实或潜在的消费能力,市场潜力巨大。

4. 社会因素可行性分析

(1)人们环保意识增强。

随着社会的发展,以及各种安全及环境恶化等事件的影响,消费者对健康和环保看得越来越重要,而有些涂料产品中含有 VOC 和甲醛等对人体有害的物质,所以消费者选择涂料时也会更加关注健康环保的性能。

中国经济的发展和人民生活水平不断提高使人们越来越注重身心健康和安全,越来越注重环境的友好和清洁,越来越注重环保和节能。作为对人们生产和生活以及对环境有重要影响的涂料行业来说,人们对该产业提供的产品越来越要求环保和无毒无害,人们正通过消费选择改变和调整该产业。

(2)互联网发展使人们需求多元化。

进入 21 世纪后,我国互联网得到了迅猛发展,依托互联网平台产生的社交平台和电子商务也实现了蓬勃发展。我国作为一个人口大国,有着巨大的消费潜力,电子商务的发展为我国消费者带来了更多的选择空间与便利的消费渠道。但电子商务在蓬勃发展的同时也面临着一定的挑战,在当今环境下,消费者对商品的选择性越来越多,所以越来越多的销售商更加注重商品线索的提供,期望能够增加消费者的选择倾向。

随着互联网的商速发展,大大便捷了人们在衣食住行等方面的需求,因此消费者更在意企业的服务水平。涂料行业作为传统行业,在"互联网+"方面起步较晚,造成相应的配套服务没有跟上,这就造成了涂料企业在发展过程中必然要面临诸多问题。

(3)涂料购买要求方便、快捷。

即使一桶涂料的分量不是很重,但是如果数量较多,消费者在购买、搬运的过程中也会存在一定麻烦,为尽量方便消费者购物,涂料行业企业可以提供送货上门的服务。随时送货的服务是消费者对于涂料购买的一个重要诉求。

5. 竞争优势

本项目的主营产品为基于国内首创的"伊利石提钾+硅源"同步绿色利用技术所得到为伊利石基绿色活性环保涂料——步睿思环保呼吸涂料。

(1)技术优势。

①团队突破了传统高温提钾技术的弊端(高能耗、高污染、提取效率低),研发的伊利石提钾技术更加高效绿色,符合现代化工生产的要求。

②项目团队在国内首创了"伊利石提钾+硅源"同步绿色利用技术,做到了原材料百分百转化,彻底实现了伊利石资源的高附加值利用。生产过程所涉及的相关技术具有较强的科学性和实际应用价值,是当前绿色生产工艺的代表。

③涂料喷涂施工更加简便,团队为此研发了涂料喷涂装置和喷涂烘干装置,且对相关技术申请了专利并已获得授权。

④团队和项目依托于吉林省新型节能环保建材工程研究中心和延边大学伊利石黏土矿物应用研究所,故可以为后续技术研发和更新给予支持和保障。

(2)成本优势。

①靠近原料产地,且与当地企业达成初步合作,可长期提供低廉的伊利石原料,这样生产成本大大降低。

②生产工艺简单,所需设备运行稳定,占地面积小,生产成本低,可以实现大规模生产。

(3)技术成果专利(团队自有)。

①一种焙烧伊利石高效提钾的方法(ZL201710291026.X)。

②一种涂料喷涂用烘干装置(ZL2018218623227.7 实用新型专利发明)。

③一种涂料喷涂用防护装置(ZL201821862304.9 实用新型专利发明)。

④一种纳米 TiO_2/伊利石基氧化硅复合体内墙涂料及制备方法(ZL201811388824.5)。

⑤一种微波辅助酸浸伊利石释钾的方法(ZL201810164037.6)。

⑥一种伊利石微波加热类固相蒸汽转化法合成方沸石的方法(ZL20190101000810620)。

⑦一种提高伊利石分散程度制备亚微米级伊利石干粉颗粒的方法(CN202010061156.6)。

3 服务产品及其特色

3.1 经营设计

经营的基本模式为 B2C,辅以 O2O,达到线上线下一体化,见图 4-5。主营产品拟采取的销售渠道如下:

(1)自有网络销售平台:通过自营网络平台推广自行设计和生产的涂料产品。

(2)大型电子商务合作:与淘宝、京东等电商平台达成合作。

(3)连锁零售商:有利于迅速抢占市场、扩大品牌知名度,为整体发展打下基础。

(4)自建专营店:选择在主要的城市密集区进行,利用前期市场调研掌握的情况和信息,有针对性地密集推广,销售方面货源充足,供货及时。

(5)跨行业代理商:为相关装修行业提供服务时也附加销售涂料产品。

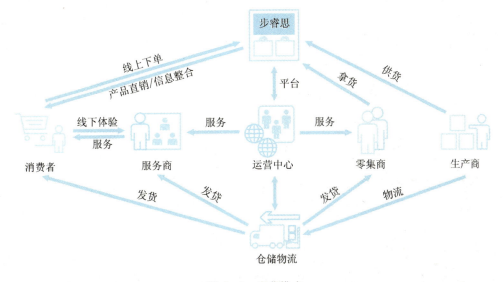

图 4-5 运营模式

3.2 技术设计

本项目平台致力于维护社会公共利益、保护生态环境、推动社会可持续发展,主要设计了信息咨询模块、自营商城及"涂料社"论坛三大部分。

1. 信息咨询模块

(1)价格信息。

将硅藻泥、贝壳粉等价格信息放在平台首页,商家或用户可方便地了解到各类生态涂料产品的最新市场报价,以及产品价格的变动趋势,可为商家和消费者交易提供价格参考,见图 4-6。

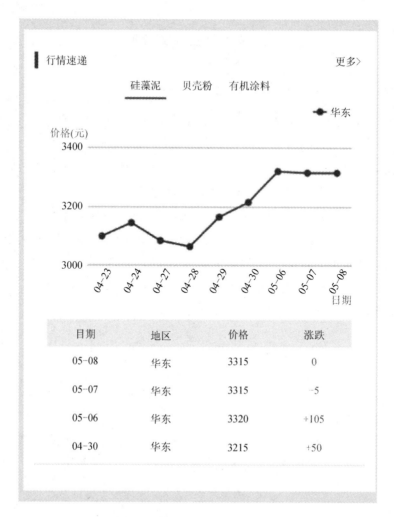

图4-6 价格信息

(2)专题专栏。

本项目网络平台主要有政策规定、行业动态、科技标准、产品信息、会议动态等专栏(见图4-7),同时还搜集、转载近期生态涂料行业要闻、国家政策法规等信息,完善了行业资讯,这样也就解决了一些商家信息来源相对有限的问题。

(3)产品推荐。

根据阅读习惯,消费者对首页的关注度极高,他们希望能在首页方便地看到想要的产品及相关信息,因此本项目网络平台将口碑较好的热销产品放在网站首页显眼的地方,更容易被用户所关注,以便用户能够轻松地获取产品信息,为用户的消费决策提供参考,见图4-8。

(4)供求信息。

该栏目主要提供供应信息以及求购信息。网络平台为生态涂料供应商、相关其他企事业单位等客户提供包括伊利石、硅藻泥、高岭土、贝壳粉等多类产品的供求价格信息。全部信息每天同步更新,历史资料随时可查,为广大生态涂料产品采购工作者了解市场行情、控制采购成本、提高采购效率提供有力支撑。

图 4-7 专题专栏

产品推荐
—— Our Product ——

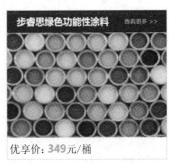

图 4-8 产品推荐

(5)商家频道。

该频道主要用于发布生态涂料商家的相关信息,这样有助于用户浏览商家的商品业务信息,可使用户更好地做出选择。该频道包括商家基本信息、商家公告、商家商品信息、咨询留言等子项目。

2. 商城

自营商城是为会员商家提供的网络展示交易空间,会员商家可以通过平台发布热门产品,还可进行企业宣传,为用户提供更直观的宣传推广服务,以便获得更多的交易机会。每个店铺与实际商家对应。会员商家发布任何产品信息都能第一时间通过我们的平台传递给采购方。快速的信息传递,在促进商家会员销售的同时又帮助商家宣传企业形象,提高企业知名度,提升品牌价值。

(1)自营产品。

目前,"呼吸未来"生态环保涂料一站式信息平台以步睿思系列环保呼吸涂料为主要产品(见图4-9)。步睿思系列环保呼吸涂料具有价格低廉、高效吸附有害气体并分解为无害气体、具有极佳的防火隔热效果、喷涂过程中不易产生气泡等优势,杜绝了传统涂料遮盖性差和漆面不光滑等问题。通过我们的平台,步睿思系列环保呼吸涂料与消费者有了更多的接触交流机会,大大提升了品牌的知名度和亲和力,可以迅速提升睿思系列环保呼吸涂料在市场的活跃度,为其获得良好的口碑。

图4-9 自营商城

(2)其他企业的产品。

平台建立初期,还提供其他生态涂料产品的品质、价格等相关信息,并提供购买地址链接。平台建立后期,将扩大商城规模,将平台作为第三方购买平台吸引拥有生态涂料产品的企业作为会员商家进驻商城。

(3)订单支付系统。

通过订单支付系统,用户可以支付货款,查询订单,跟踪物流,并进行信息反馈。

3."涂料社"论坛

(1)分享讨论。

用户在讨论去区可以通过发表文字和图片来分享自己关于装修设计、产品选择的经验,与他人相互借鉴,见图4-10。

(2)意见板块。

对项目平台的意见、建议都可通过此板块进行反馈。

图4-10 "涂料社"论坛

3.3 组织管理设计

本项目成立初期由于规模较小,拟采取直线职能制的组织形式。人员分为管理层、运营人员、技术骨干、研发人员、普通会员五大类。企业采用董事会下设CEO负责制,下设人事部、技术部、市场部、财务部、研发部五大部门。研发部与吉林省新型节能环保建材工程研究中心及延边大学伊利石黏土矿物应用研究所进行合作。

3.4 财务设计

1. 投资计划

拟定融资1200万元,具体的资金来源如表4-2所示。

表4-2 股本结构表

项目	来源	金额/万元	比例
权益资本	风险投资	800	66.67%
	伊利石研究所投资	100	8.33%
	创业团队投资	100	8.33%
债务资本	银行贷款	200	16.67%

将300万元投资于平台建设,具体应用项目如表4-3所示。

表4-3 平台费用预测表

项目	说明		金额/万元
平台建立	网站建立和维护	网站的设计实施费用 网站的日常维护和更新支出 网络友情链接费用 其他	30
人员招聘	管理人员、技术人员、客服人员等	员工日常工资 利息等财务费用 员工培训费用 其他	70
产品服务	产品生产及加工外包 商城建设与维护 信息查询	产品的生产、包装费用 网络购物渠道建立费用 相关产品信息与行业资讯公示栏 其他	30
市场开发	宣传营销 跨行业合作	广告投入费用 活动策划与设计费用 市场活跃行业涉及 其他	150
其他	行政公关 协会组织支持	业务回访费用 与中国涂料工业协会、中国环境保护产业协会等组织交流 其他	20

2. 成本来源

本平台运营成本构成除了网站建设外,还有自营涂料产品的生产成本及固定资产投入和维护费用等;此外,还有优秀技术人员与研发人员引进等人力成本和宣传公关费用。

3. 项目收入概述

(1)收入来源。

收入来源以涂料产品销售为主营业务收入,以信息整合展示来开辟其他业务收入。其中,通过渠道倍增模式,获得线上网站直销及线下店铺零售收入;与相关行业达成合作关系,取得供应收入;提供技术、接受投资与加盟等,收取技术品牌使用费;另外还有一些增值服务费等。

(2)收入分配。

平台所得收入将继续投入平台的运转以及产品从生产到销售的各个步骤,形成盈利模式良性闭环管理,见图4-11。

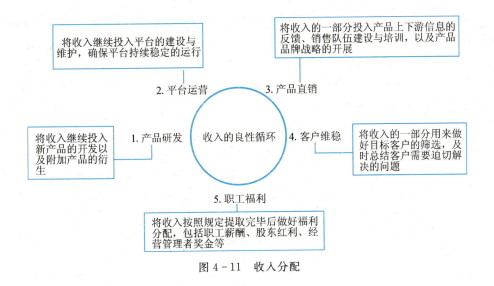

图 4-11 收入分配

3.5 风险控制设计

1. 技术风险

就产品本身而言,高新技术发展较快,生命周期较短,被替代的可能性加大。对本平台而言,项目初创期,由于人才的匮乏,技术层面上无法达到预期结果,可能在较多方面存在漏洞。例如网站监管方面,无法做到 24 小时实时监管,这就可能会在一定程度上导致供需双方利益受损,而项目团队无法及时进行弥补,以致供需双方对平台产生不信任情绪,导致双方人员流失,甚者影响平台的正常运行。

随着平台的发展和客户的积累,平台收益日渐明显。此时加大技术人才的投入,聘用高水平的技术人才,完善平台的运营技术,减少平台直至消除平台漏洞,为供需双方提供平稳的环境,从而增加平台的竞争力。

2. 市场风险

(1) 市场接受度。

任何一个新产品的进入,消费者都有一定的怀疑情绪。虽然项目团队推出的是一项新型的产品,打入市场并非绝对的开发空白,但还是要替代一些现有产品,尤其是一些传统意义上的产品。消费者由于习惯的购买,对于接受了解新产品都需要一定的时间,开拓市场难度较大,所以短期内会存在一定的市场风险。

(2) 销售能力问题。

在销售方面,存在网站销售能力不确定性与倒戈的风险。初期产品市场知名度低,销售网络不够完善。销售过程中,如果对市场分析预测不够准确,不能很好地了解市场行情,则有可能制订的价格不合适,从而阻碍本产品的市场化进程,甚至失去部分市场。

(3) 同行业竞争与后来者模仿。

就涂料行业来说,市场已经较为完善,并且多为知名品牌下的分支企业,拥有一定的客户积累量,同行业之间本身竞争力强。随着市场的不断变化,新型环保涂料不断走进居民的生活,天然绿色无污染的优势逐渐被市场认同,后来者模仿必然出现,由此造成顾客流失率提高。

应对措施：完善平台数据收集与分析，使得供需在最大程度上匹配，减少不必要的资源浪费；依靠专利保护掌握核心技术并成立研发中心，不断丰富、革新技术含量，确保产品的独特性；产品投入前期需要做好市场调研工作，全面了解消费者情况，如消费者的承受能力等，以使确定当前的发展方向；加大宣传，在不断完善营销策略的基础上，项目团队还要加大宣传力度，提高服务质量，使广大消费者接受项目团队的产品。

3. 财务风险

财务风险主要体现在资金问题上。①产品方面：原材料成本增加。②公司运营方面：流动资金不足。③平台方面：企业成立初期，在招商、吸引供需双方方面都需要进行大量的宣传；对平台监管系统、交易系统的不断完善等都需要大量的资金。同时，宣传与达成的消费可能存在一定的偏差，这也加剧了平台的财务压力。

应对措施：企业编制完整的内部控制制度，完善风险管理制度，建立内部审计监督制度、内部审计管理办法及操作流程对经济活动进行监督。

4. 管理风险

管理运作过程中因信息不对称、管理不善、判断失误等影响管理的水平。本平台为供需双方搭建了桥梁，就供给方即提供涂料产品的生产商而言，其生产与加工需要耗费一定的时间，平台初期无法保证供给者的数量，可能会出现供给水平和预测水平不相匹配的情况；就需求方即实体销售门店、装修个人等而言，顾客量大且需求多样，无法进行集中化管理，这也增加了管理成本。此外，营销策略的不确定性造成选择上的模糊与困难，以及竞争对手的策略改变导致应付策略上的不确定性等方面也加大了项目团队的管理风险。

应对措施：根据各项业务的不同特点，制订各自不同的风险控制措施；标准化操作流程、作业标准，各部门责任分离，互相监督，对各自操作中遇到的风险进行预测、评估、控制。

4　项目建设

4.1　组织建设

企业成立初期由于规模较小，采取直线职能制的组织形式，迅速建立高素质管理团队。具体部门设：董事会，把控全局；总经理，负责公司总体战略的制定，全面管理公司；技术部，负责平台网站建设及对其他部门的技术支持；营销部，负责制订企业营销策略以及市场开发和客户管理；财务部，制定本企业会计制度，进行日常财务管理和成本控制，按时纳税及应交利润等；人事部，负责公司人事管理制度的制定、各部门之间的协调、新员工的招聘、员工的培训、绩效考核、薪酬福利制度的制定等。

4.2　技术建设

研发团队依托吉林省环保建材工程研究中心及伊利石黏土矿物研究所进行深度技术研究，并且有国家自然基金项目的大力支持，目前，已获得4项中国发明专利，2项实用新型专利，并且还有多项发明专利在审。

4.3　经营系统建设

经营系统建设有以下三点：

(1)高素质的精英团队。建立企业高素质团队,顺利完成企业管理平台、信息分析、市场挖掘、自营产品研发工作。

(2)专业化的服务产品。将企业打造成功能集成化、服务社会化、运作规模化,能为行业客户提供一体化服务的专业信息平台。

(3)行业与消费者的高度认可。通过信息平台的不断完善及业务的大力推广和对流合作,将服务拓展至生态环保涂料行业内其他客户并取得客户的高度认可与信赖。

4.4 营销推广

本项目会在平台建设初期采用功效优先策略和品牌提升策略进入市场;进入平台发展期后采用精准营销策略和媒体组合策略扩大市场规模;当平台进入稳定期,实施整合营销策略和平台生态圈发展策略,以期实现企业的可持续发展。在此过程中,项目团队会根据市场中各种要素的变化,不断地调整营销思路,改进营销措施,使营销活动动态地适应市场变化。

(1)平台建设初期(2020—2022年):吸引用户浏览注册,建立用户基础;召集更多电子商务相关人才,充实团队力量,探索平台盈利模式。

(2)平台发展期(2023—2026年):进一步扩大用户数量,增加用户黏性,使网站排在百度、Google等搜索引擎中的前列。

(4)平台稳定期(2026年以后):扩大平台影响力,寻找更多盈利点,形成灵活多样的盈利模式,加强平台的稳定发展,致力成为中国生态涂料行业的引领者。

通过"呼吸未来"生态环保涂料一站式信息平台的流量统计系统,进行定期统计分析,可以清晰地判断平台目前的营销手段的效果;通过分析流量来路、浏览操作、客流地区、搜索引擎与关键词等判断用户分布及其偏好,进而进行相应的优化,并适当调整推广战略。同时根据每周的用户注册量分析平台的用户黏性;根据用户反馈系统吸纳用户建议,从而改进平台,提升用户体验。

5 项目运行与维护

5.1 运行与维护过程

本项目生态环保涂料行业一站式服务平台提供丰富的信息资源与特色的用户体验,会员可通过网站浏览和线上购物等享受网站的服务。

后台端维护主要有:对注册用户信息的审核通过;对生态涂料产品相关信息的录入、浏览、删除、修改、搜索;对用户订单的处理;对论坛内容审查、删除、责令修改等管理;对用户建议的反馈。

5.2 运行与维护效果

1. 市场影响

本项目采用B2C模式,集信息查询、产品购买、物流配送为一体,平台将承担起领导和治理的角色,整合生态环保涂料行业相关的生产商、零售商、服务商和消费者。注重搭建与消费者和合作伙伴之间的关系,进而培养以发展为导向的协作性经济群体,实现生态环保涂料行业线上线下一体化协作发展,以技术与信息联合打造中国最大的涂料行业电子商务平台。

2. 运营业绩

我们预计平台完善后三年内收入可达1200万元，预计1~2年内达成首轮融资500万，用于平台建设和完善、渠道宣传及活动补贴。

3. 社会与经济效益

我们与吉林省环保建材工程研究中心及伊利石黏土矿物研究所进行深度合作，持续不断地进行研发投入，整合研发、生产及初期创业方面拥有的诸多资源，并得到了延边州各级政府的高度关注，与延边州矿业局、安图县矿业局达成合作，并以安图县伊利石产业园区为中心，充分利用自身研发力量，推进高校科技力量快速转化的同时促进当地的经济发展。

6 分析与评价

6.1 指导老师点评

对于创业项目的选择，延伊团队的成员将有着近5年积累的科研创新成果与新创意、有市场、低风险的一站式信息服务平台有机结合，因此项目创业成功的概率较大。

在项目实施以及竞赛的准备过程中，我们也发现了学生们能够准确地把握绿色与健康的市场热点，提出有效可行的推广策略，能立足于绿色和健康来完善项目。此外，得益于校外专家老师的指导，使得项目商业逻辑清晰、商业模式完整：市场空缺、目标客户、产品特色、未来布局、融资计划，环环相扣，思路清晰，设计完整。该项目最大的亮点，在于抓住市场痛点，提出符合消费趋势的解决方案：互联网推广、平台社区体验、一站式信息服务，以及产业链贯通，既新颖又可行，丰富而不散乱。

通过这次比赛，学生们不仅学习到了怎样写好一份创业计划书，也加深了他们对电子商务创新、创业有了一个更加清醒的认识，在实践的过程中，学生们的团队合作意识、竞争意识都有了很大的提升。作为指导教师的我们也从他们身上感受到了青春学子的创业激情与多彩的创业想法，令我们获益匪浅。

6.2 专家评析

延伊团队依托核心技术，自主研发生态涂料产品，创建产学研一体化服务平台及生态环保涂料一站式信息平台。策划文案再现了生态涂料产品从创意、研发、设计、生产直至电商平台构建的创业全流程。项目运作思路清晰、特色鲜明，团队脚踏实地，厚积薄发；同时积极响应"健康中国"国家战略号召，为满足人民群众对美好生活的向往和追求贡献了团队的力量。

评阅人：彭丽芳（厦门大学教授、教育部电子商务类专业教学指导委员会副主任、"三创赛"竞组委仲裁组组长）

马莉婷（福建江夏学院教授、电子商务系主任）

案例五　智慧矿山安全数字化教育与仿真

获奖情况：第九届"三创赛"特等奖
参赛团队：太原理工大学 知一团队
参赛组长：赵雪
参赛队员：孟琳 伍超逸 郭婷婷 张继鹏
指导教师：高永利 温芝龙
关键词：智慧矿山 虚拟仿真 数字化教育平台

案例视频

摘要：智慧矿山项目是针对矿山安全教育存在的形式单一、内容枯燥等问题，利用数字技术和三维技术而开发的"互联网＋教育"平台，其核心优势为交互式操作系统，采用游戏体验方式进行互动教学。项目团队通过3D模型虚拟仿真还原煤矿生产及事故现场，进行矿工和中层管理人员一体化培养，减少安全事故的发生频率，以达到维护煤矿企业和国家经济利益的目的。

1　项目简介

1.1　项目社会经济意义

中国作为煤炭大国，一直以来因为安全培训不到位或者危险传讯不及时导致矿难频发。在此背景下，本团队开发了"智慧矿山"项目，利用互联网虚拟仿真技术还原矿山实景操作并进行实时事故预警，提高了对矿工安全培训的效率以及积极性。本项目的建设有利于提升煤炭企业综合实力，增强企业的示范带动能力和市场竞争力，并且有效地控制事故发生概率。同时，在山西焦煤集团的支持下，本项目获得相关行业专家的指导和实际监督，保证"智慧矿山"的每一个设计都具有实际应用性，确保在一定程度上减少国家损失，实现真正意义上的引领安全生产创新。

1.2　项目目标与经济效果

团队的目标是以山西省采矿业为中心，分析各大煤矿企业生产特点和需求，针对不同的实际情况为各企业打造专属的煤矿生产安全操作三维虚拟教学平台。目前项目正向以下几方面发展：

横向：向内蒙古、陕西等西北矿产地区逐步进行市场拓展，同时进行多元化发展，开发煤矿三维可视化监测系统以及煤矿安全资格培训应用程序；并且参加每年的煤矿博览会，设置专属数字展厅，以期将产品推至全国。

纵向：开发新的产业市场，将虚拟现实、三维模拟系统应用到更多的生产领域当中，开发如石油开采、电力控制等其他高危行业的三维数字智慧系统。

在营销方面，主要以渗透定价和组合定价的方式为依据，利用低价打开市场，利用互补产品组合占领市场,以期实现较好的经济效益。

1.3 项目主要内容

本项目包括四个板块:虚拟教学平台、可视化监测、三维动画演示、"智慧矿山"AR 安全教育系列产品。各板块均可根据实际需求和场地情况进行个性化定制,配合等比例、高精度、高仿真的虚拟场景,实现真实环境再现,具有极强的沉浸感和视觉冲击效果。本项目全部依托互联网:以外网为主,在线登录教学平台;以局域网为辅,实现企业内部可视化监控。

1.4 项目技术路线

(1)煤矿生产安全操作三维虚拟教学平台:利用 Unity 3D、Unreal Engine 4 引擎,标准化模拟设备的操作环境和操作动作,实现交互教学。

(2)煤矿三维可视化监测监控系统:利用 Unity Pro、智能传感技术、视频动态监测技术建立实时可视化监控。结合大数据和云计算技术,对采集到的数据进行存储和智能分析。

(3)三维动画演示:利用 Autodesk Maya、C4D、3ds MAX、Premiere、After Effects、Photoshop 等软件制作,突破了以前无法拍摄产品内部结构、单靠文字和图纸说明的瓶颈。

(4)"智慧矿山"AR 安全教育系列产品:利用 Unity 3D、Vuforia、Cinema 4D 等技术以及 C#语言编写数据代码,依托于增强现实,将科技表现手法与工业教育相结合。

1.5 项目特色

自然资源部发布的《全国矿产资源规划(2016—2020 年)》明确提出未来 5 年要大力推进矿业领域科技创新,根据此规划加快建设数字化、智能化、信息化、自动化矿山,建成一批先进高效的智慧煤矿。

本团队采用三维虚拟仿真技术,将文字教育变为可视化教育,通过 VR 全景漫游操作平台,模拟操作演示、事故仿真模拟演示,提供仿真演练考核,让用户更能身临其境,增强培训效果。

2 项目分析(创新)

2.1 市场需求分析

据不完全统计,全国仅 2018 年一年内煤矿死亡事故高达 224 起,死亡人数 333 人。其中因生产操作不当造成的矿难事故达 34 起(见图 5-1),造成严重人员伤亡以及不可预估的经济损失。随着煤矿安全事故屡次发生,企业对于员工安全操作培训也逐渐重视,但迫于环境和技术限制,该问题一直得不到有效解决。全国企业对矿工安全培训的需求由 2015 年的 51.3%上调至 2010 年的 87.7%(见图 5-2)。

如图 5-1、图 5-2 所示,我们可以看出:

(1)随着煤矿安全事故屡次发生,煤矿企业需要完善的实时监控来预警非人力可抗的自然事故,对于人为操作不当引发的安全事故,则需要提高安全操作培训效率。

(2)为减少人员伤亡及经济损失,更多的煤矿企业需要安全培训。

(3)相比于枯燥的文字培训,矿工更倾向于直观动态的可视化教育,并且表示最好能够在虚拟环境中实际上手操作练习。

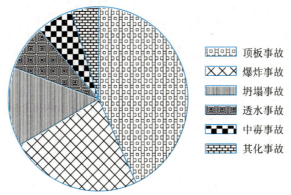

图 5-1 煤矿事故缘由统计图

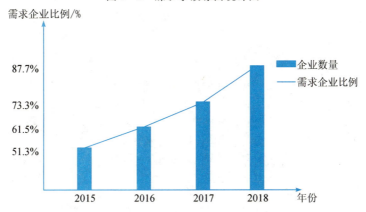

图 5-2 煤矿企业安全培训需求
（数据来源：煤矿安全生产网）

以上调查结果为智慧矿山项目开拓市场创造了有利条件。

2.2 市场定位分析

STP 思维导图分析如图 5-3 所示。

图 5-3 STP 思维导图分析

(1)市场细分。
①产品市场范围：三维数字矿山领域。

②细分及依据：根据地理位置可分为省内市场和国内市场；根据需求差异可分为企业市场和个人市场。

(2)目标市场选择。

①为哪一类客户服务：煤炭企业、煤矿行业从事者、矿业及物联网相关专业教师学生。

②解决客户哪些需求：煤炭企业需要保证安全生产以及实时可视化监控；煤矿行业从事者、矿业及物联网等相关专业教师学生需要了解真实煤矿概况以及仿真虚拟操作学习。

(3)市场定位。

①当前市场：三维数字矿山领域。

②未来市场：石油开采、电力控制等其他高危行业的三维数字智慧系统。

2.3 可行性分析

(1)SWOT分析(见表5-1)。

表5-1 SWOT分析

	优势(strengths)	劣势(weaknesses)
	1.产品优势 在矿山安全生产方面，工程技术人员可以根据模拟的三维矿井条件进行安全操作学习，不用亲自深入井下工作面，提高了教学效率。并且三维动画的真实演示更增加了教学的便捷性。 在矿山监督和管理方面，本项目通过嵌入机电设备的数据体，使监管人员可以矿山的内部安全情况，从而极大地降低安全事故发生的可能性。 2.技术优势 本项目系统以全新的虚拟现实和三维仿真技术为基础，结合真实的井下环境，利用虚拟现实技术构建出一个带有物理规则和灾害推演规则的三维场景。 3.市场竞争优势 产品开发周期短，煤矿井下环境大同小异，基本都是巷道布局的变化。本项目产品可以根据市场反馈信息快速改进。	1.研发资金及购买设备资金较短缺 2.人力资源有限

	优势(strengths)	劣势(weaknesses)
	4.公司优势 　　项目团队一直致力于虚拟现实和三维仿真技术的研发和应用,经过多年的项目制作和产品研发,已经拥有了一套完整的应对垂直行业的虚拟现实技术应用流程。项目团队在虚拟现实领域的技术优势可以保证产品技术的持续领先。同时,项目团队还与山西焦煤集团、太原理工天成科技股份有限公司保持密切的合作关系,保证了产品在煤矿安全培训领域的权威性	
机会(opportunities)	SO(增长性战略)	WO(扭转性战略)
1.政策机遇 　　《煤炭工业发展"十三五"规划》要求,到2020年,建成集约、安全、高效、绿色的现代煤炭工业体系,煤矿信息化、智能化建设取得新进展,建成一批先进高效的智慧煤矿。 **2.市场机遇** 　　目前国内市场正处于信息化转型的关键时期,本项目拥有先进的空间信息技术、虚拟现实技术和物联网技术。其不仅可应用于矿山领域,还可深入任何高危行业进行数字化虚拟仿真应用。 **3.传播机遇** 　　微信公众号、抖音短视频等自媒体的兴起,为我们这种初创型小微企业的发展提供了多元化的宣传渠道	利用长周期培育企业在智能工业领域的知名度,打响"智慧矿山"品牌后,逐步开发智慧石油、智慧电力等相关行业信息化系统	加大投资力度,使商业模式更加完善,技术更加深入,开发更多实用性功能,拓展用户需求
威胁(threats)	ST(多元化战略)	WT(防御性战略)
1.同类产品竞争 2.盗版威胁 3.人工智能代替人力资源	以需求为导向形成产业链,即除了现有的主体产品外,我们还可发展VR矿山探险游戏、VR私人订制等业务	1.使用POLYV加密引擎,对产品进行防盗版处理 2.添加专属水印

(2) 目标人群。

本项目的主要客户是煤矿"三岗"人员,包括煤炭企业主要负责人、安全生产管理人员和特种作业人员等,据此可以看出我们的商业模式主要是 B2B2C,即将系统整体按照企业要求定制,再由企业将账号分发给员工。除此之外,我们还面向矿业、物联网等相关专业的教师和学生。

在内容上,我们为采煤、机电、运输等不同的工种定制了相应的系统和内容,确保该类企业的每位员工都能进行专项的学习。

产品对象分类见图 5-4。

```
                    ┌─ 采煤工种安全 ─┬─ 液压支架操作工
                    │                └─ 采煤机操作工
                    │                ┌─ 电磁起动机操作工
                    │                ├─ 电力调度员
                    │                ├─ 地面交(配)电站值班员
产品对象分类 ───────┼─ 机电工种安全 ─┼─ 塔吊起重机操作工
                    │                ├─ 天车操作工
                    │                └─ 送(输)配电线路检修工
                    ├─ 掘进工种安全:掘进机操作工
                    ├─ 运输工种安全:轨道衡操作工
                    │                ┌─ 瓦斯电站操作工
                    └─ 通风工程安全 ─┴─ 风机操作工
```

图 5-4 产品对象分类

3 项目设计(创意)

3.1 产品形态设计

产品说明见表 5-2。

表 5-2 产品说明

		产品分类	
核心产品	煤矿生产安全操作三维虚拟教学平台	仿真实操培训系统	交互虚拟教学系统
			仿真演练考核系统
		煤矿全景漫游安全操作平台	
增值产品		煤矿三维可视化监测监控系统	
	三维动画演示	生产操作教学片	
		安全事故警示片	
	"智慧矿山"AR 安全教育系列产品		

3.2 经营模式设计

项目将重点放在市场的开发和平台系统的推广上,并从中获得一定的利润。我们的收益主要来源于私人订制教学平台,其他包括广告投放、会员收费等服务产生的收益。

(1)私人定制盈利。

针对不同企业的要求和生产情况,将为他们量身打造私人化服务体验系统,一次性卖出教学片版权以及定制的三维虚拟教学平台。教学片根据不同需求收费 5 万至 20 万元不等,三维虚拟教学平台按市场定价约为 50 万元。

(2)会员费盈利。

仿真安全教育系统拥有两类会员,即个人会员和企业会员。个人会员指矿业及物联网等相关专业教师及学生,本项目针对个人会员第一个月免费注册体验,第二个月开始每年缴纳会员费制,大约每年 500 元。企业会员指采矿业企业注册年会员,在线上完成私人定制的订单支付,同时员工可享有网页端的全部教学资源和考核系统,大约每年 8 万元。

(3)免费界面投放广告盈利。

因初期发展需要,本项目免费提供三维动画演示片,并开放液压支架操作工的虚拟教学平台,使相关用户可初步认识体验我们的系统。在免费界面,我们会投放矿山企业或矿山器材的广告进行盈利。

3.3 技术方案设计

1. 煤矿生产安全操作三维虚拟教学平台

(1)仿真实操培训系统。

该系统包括交互虚拟教学系统和仿真演练考核系统。

交互虚拟教学系统是以三维模型和虚拟场景相结合的方式展现井上、井下各类设备模型,还原采、掘、机、运、通、排等工艺。三维模型设备逼真,并可与虚拟场景无缝对接、实时互动,给受训者以完全真实的井下工作感受。同时,交互虚拟教学系统辅以交互式虚拟仿真技术作为场景的无限延伸,并配合声、光、电等综合效果,使煤矿生产环节以游戏体验的方式完美再现;还可以对各工种安全操作进行教学演示,使一些不可切身体验的场景得以还原,生动逼真、体验感强。该系统适合煤矿岗位培训、事故还原、危险源培训学习、新员工或学生入井培训、六大应急避险系统演练等。

仿真演练考核系统是配合虚拟教学系统的工人岗位培训考核系统。该系统结合煤矿常见的安全操作问题及专业资格考核内容,设计出符合实际操作的各类问题,使职工将理论与实际充分结合,利用系统在线模拟演练考核,并配合打分功能,不合格者重新进行学习,有效地增强培训效果,减少人员伤亡事故,间接提高经济效益。

(2)煤矿全景漫游安全操作平台。

该系统通过 3D 立体方式将整个煤矿全景展现,不但能客观地还原煤矿的井上、井下场景,而且可以通过操作控制视角及人物在整个场景中进行井上、井下漫游,自由查看场景中各个部分的情况。漫游时,可以与场景进行互动或进行任务模式,大大提高了矿工的认识程度和防范意识。

具体操作如下:进入主界面后,在右侧目录菜单区选择"全景漫游";进入全景漫游界面后,可以在功能菜单自主选择漫游方式,并用键盘或鼠标控制旋转漫游视角;系统中设置好的漫游地点包括中控室、风机房、地面运输系统、地面空压机房、井下水泵房、绞车房、单体工作面、掘进工作面、综采工作面、避难硐室、炮采工作面和残采工作面等,可任意选择漫游地点;漫游过程中遇到标有白色箭头的红色圆圈,点击圆圈观看现场拍摄的三维全景;漫游至各采掘工作面时,点击屏幕上方黄色三角形,观看工作面通风图。

2. 煤矿三维可视化监测监控系统

该系统通过可视化监测与现实煤矿实时连接,可以实时监测传感器的读数,如果传感器读数异常,能实时进行报警,并定位到三维场景中的传感器的位置。具体是利用物联网技术、射频识别技术、危险气体传感器、远程视频监控,以及三维地理信息系统技术进行煤矿安全可视化智能监控。通过气体传感器在井下实施采集有害气体的浓度数据,监控其是否超标;通过射频识别技术实时跟踪井下人员的位置,为人员考勤、丢失报警、人员撤离和搜寻定位提供支持。

在工业生产现场布置若干具有特定功能的传感器节点,把所在生产车间或者区域组成一个无线传感器网络,实现对工业生产过程的检测、控制、优化、调度、管理和决策。

具体功能如下:

(1)人员定位:具有对携卡人员出/入井时刻、重点区域出/入时刻、工作时间、井下和重点区域人员数量、井下人员活动路线等信息进行监测、显示、打印、储存、查询、报警、管理等。

(2)安全环境监控:对传感器状态、断电区域进行监测,并进行实时报警,以及历史报警、联网异常信息的统计。其主要包含对煤矿综合报警监测、预警监测、组合报警监测、异常监测、报警原因管理等。

(3)系统融合:主要包含人员定位系统、GIS系统、供电监控系统、设备监测系统、车辆监测系统等。

(4)可视化调度终端:主要包含应急广播系统、视频监控系统、无线通信系统。

(5)应急联动:实现在瓦斯超限、断电等需要工作人员立即撤退的情况下,自动与应急广播、通信、人员定位等系统应急联动。

3. 三维动画演示

该产品包括生产操作教学片和安全事故警示片。

由于煤矿一线工人流动性大,文化层次普遍较低的现状,我们采用三维动画的方式,不但摆脱了传统教材的枯燥讲解,比起普通的培训视频,还增加了视觉的现实感和逼真感,使矿工在其兴趣的范围内积极主动地学习。这种简明活泼的教育方式对矿工进行班前安全教育更加直接有效。

生产操作教学片是以煤矿工种培训内容为理论基础,根据煤矿现场工种培训的需求,实现各工种虚拟仿真视频演示。这种方式改变了传统书面学习模式,提高了工种培训学习效率,提高了矿工主动求知兴趣,在保证培训质量的同时降低了培训成本。

安全事故警示片是以真实事故为背景,模拟事故现场,完全还原事故发生时的征兆、发生过程,使受训人员在强大的视觉冲击下认识到事故的危害性,提高受训人员对典型事故的认识和对事故辨识和应急处理的能力。该系列视频具有较强安全性和客观真实性,可无限制地重复进行观看教学,不受时间、空间、地域限制。

4. "智慧矿山"AR 安全教育系列产品

AR(augmented reality)增强现实,是一种把原本在现实世界的一定时间、空间范围内很难体验到的实体信息(视觉信息、声音、味道、触觉等),通过电脑等科学技术,模拟仿真后叠加到真实世界,被人类感官所感知,从而达到超越现实的感官体验。在此过程中,真实的环境和虚拟的物体实时地叠加到了同一个画面或空间同时存在。将增强现实这种科技表现形式引入到工业教育中,是一种创新的实践。它不仅可让用户实现游戏式学习体验,避免因枯燥无味的文字授课而导致学习者的厌学情绪,而且可以激发用户主动学习、兴趣式学习等,提高教学效率。

我们产品中的所有虚拟场景均以真实模型为蓝本进行1∶1建模,利用煤矿生产设备照片附加的模式或文字信息,对周围真实世界的场景动态地进行增强。将煤矿安全教育的内容以AR方式呈现,使人们可以360度观看立体的模型,并与之互动。在使用者眼里,真实物体和虚拟物体是共存的,是互相增强或互为补充的。

该产品的创新点在于将晦涩难懂的安全生产教育用增强现实这种先进的表现手法展示出来,加深了用户对知识点的记忆,在寓教于乐中促进教育转型。

3.4 组织机制设计

创业初期,项目主要依托知一团队进行组织架构。

知一团队的核心由5位不同专业领域的研究生成员组成,其他成员还包含7名硕士生、16名本科生,并聘请了多名硕士生导师作为技术顾问。相比于其他本科生创业项目,我们更专更精,有充分的时间和技术条件来更好地完成项目。

团队以虚拟仿真技术为主导,围绕虚拟现实技术、信息可视化、物联网、数字交互等多学科交叉应用领域,开展覆盖产品研发、制造、交付、保障全生命周期的创新创业实践,为团队成员提供零成本创业环境和想法验证、创业计划打磨等服务。通过真实项目实战锻造学生的创新精神、创业技能和道德情操,进而构建一种要素集成、资源共享、融合创新、平等包容的新型生态育人体系。

知一团队致力于研究"互联网+工业教育"领域的运营模式及技术路线,先后承担了省部级若干项工作任务,获得了山西省研究生联合培养基地人才培养项目的支持,并成功申请了以"基于山西矿山的数字化教育与仿真技术应用研究"为主题的科研课题。

3.5 财务管理设计

1. 资金状况说明

知一网络科技有限公司是设想启星文化传媒有限公司的子公司,目前依托其帮助本项目销售和推广。渡过起步期后项目团队将成立自己的独立公司,现已筹措资金13万元。

2. 成本分析

目前及以后本项目的运营成本主要来自微信小程序的建设和维护、产品的宣传推广费用、管理费用、职工工资、公众平台及收费平台等的获取和长期待摊费用等。

(1)项目初期资金运用。

在项目运营初期,资金运用包括但不仅限于以下几个方面,见表5-3。

表5-3 项目初期资金运用

项目	金额/元
1.公司注册	3000
2.租用第三方服务器	3000
3.职工工资	100000
4.公众平台维护	2000
5.产品宣传	20000

续表

项目	金额/元
6.维护费用	100000
7.其他费用	10000
合计	218000

注：1.运营初期，职工工资为1000元/人/月。

2.其他费用包括但不限于产品包装费用、公关费用、培训费费用、运营费用等。

3.维护费用包括但不限于微信小程序的开发及后期升级、服务器的维护等。

(2)项目中期资金运用。

在项目运营中期，资金运用包括但不限于以下几个方面，见表5-4。

表5-4 项目中期资金运用

项目	金额/元
1.购买服务器	50000
2.库存管理系统	10000
3.职工工资	100000
4.企业文化建设	10000
5.其他费用	20000
合计	190000

注：1.随着项目的发展，第三方服务器已经不能满足需要，需要自己购买搭建服务器。

2.在项目中期，职工人数增加，工资增加为1500元/人/月，另外缴纳"五险一金"，需要2000元/人/月。

3.企业文化建设包括但不限于提升公司凝聚力的团队建设、集体外出考察等花费。

4.其他费用包括但不限于产品包装费用、公关费用、培训费用、运营费用等。

3.公司财务报表分析

"智慧矿山"三维虚拟教学平台于2018年6月正式开始试营业。在2018年的试营业期间经营总收入为924800元。

本项目随着市场渠道的不断扩展，销售能力的提升，产品不断迭代满足用户消费需求，产品的销售会随着时间推移慢慢步入正轨，2019年开始本项目的盈利空间越来越大。

4.公司盈利能力分析

"智慧矿山"三维虚拟教学平台在2018年营业期间营业收入累计为人民币924800元，利润总额累计为人民币53000元，净利润累计为人民币39700元。2018年为公司初始营业状态，这反映出"智慧矿山"平台运营状态良好，随着公司规模的不断扩大，盈利水平也将逐年上升(见图5-5)，具有较大的发展前景，是值得投资的企业。

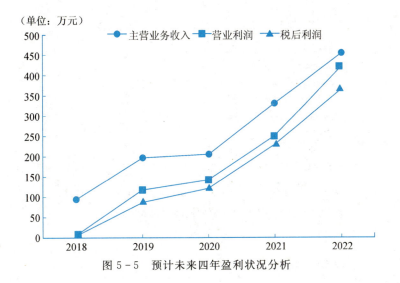

图 5-5 预计未来四年盈利状况分析

5. 公司发展趋势分析

"智慧矿山"三维虚拟教学平台的发展趋势分析见图 5-6 至图 5-11。

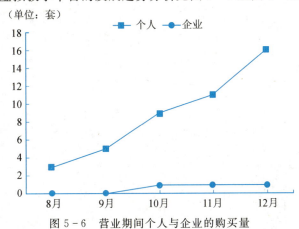

图 5-6 营业期间个人与企业的购买量

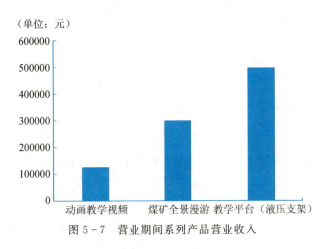

图 5-7 营业期间系列产品营业收入

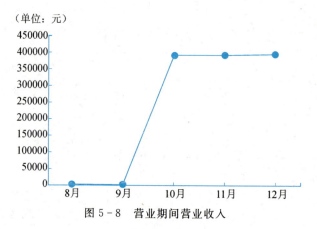
图 5-8 营业期间营业收入

图 5-9 预计未来四年购买人数和营业收入

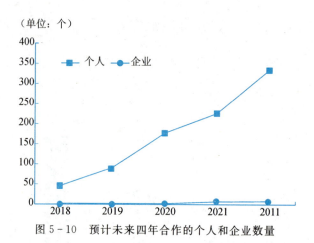
图 5-10 预计未来四年合作的个人和企业数量

图 5-11 预计未来四年营业金额和净利润

6. 投资收益与风险分析

(1) 投资净现值(NPV)。

$$NPV = \sum (CI-CO)t/(1+i)^t$$

式中,NPV 为投资净现值,CI 为各年收益,CO 为各年支出,t 为时间,i 为基准收益率,CO—CO 为净现值流量。

银行短期借款(1 年期)利率为 6.0%,考虑到目前资金成本较低,资金的机会成本和投资的风险性以及数据等因素,i 取 10%,此时,NPV 为 568.57 万元,远远大于 0,表示项目实施后,除保证可实现预定的收益率外,尚可获得更高的收益。

(2) 内部收益率(IRR)分析。

内部收益率就是资金流入现值总额与资金流出现值总额相等、净现值等于零时的折现率。它是一项投资渴望达到的报酬率,是能使投资项目净现值等于零时的折现率。

$$IRR = a + [NPV_a/(NPV_a - NPV_b)] \times (b-a)$$

式中,a、b 为折现率,$a > b$;NPV_a 为折现率为 a 时,所计算得出的净现值,一定为正数;NPV_b 为折现率为 b 时,所计算得出的净现值,一定为负数。

通过计算可得,IRR=52%,远大于本项目的机会成本 10%。因此,长期投资是合算的。

从上面对本项目的净现值和内部收益率分析说明此项目可以进行长期投资。

3.6 风险控制设计

1. 战略和市场风险

(1) 战略错误风险。

风险内容:因实施盲目多元化扩张的战略计划,导致出现经营困境。

规避措施:定期检讨战略实施情况,并及时采取战略调整计划;快速制定战略调整纲要以应对紧急情况。

(2) 市场竞争风险。

①风险内容:由于市场替代品出现导致市场萎缩。

规避措施:积极了解产品替代动态;洽谈外商合作。

②风险内容:产品出现更新换代,未能成功跟进,导致市场萎缩。

规避措施:密切关注行业龙头企业升级换代动向,制订公司产品升级换代计划。

③风险内容:未能应对产品的供需及价格变化。

规避措施:密切关注国内外产品供需及价格变化,及时调整价格。

④风险内容:未能及时应对潜在竞争者的崛起。

规避措施:市场营销部指定专人关注新兴行业市场动态,制订应对方案。

⑤风险内容:未能及时应对现有竞争者的市场挑战策略。

规避措施:市场营销部指定专人收集、分析竞争者的市场策略动向,引入机器人、ERP系统进行评估,以应对挑战。

2. 财务风险

(1)风险内容:在融资、筹资过程中,由于市场变化、投资风险、多次高额融资等都会造成公司融资上的困难。

规避措施:广泛吸引风险投资,减少风险投资的单位投资额,降低分担风险;外部筹资与内部筹资相结合。

(2)风险内容:由于客户付款周期较长,应收款项受个别客户影响未能如期到账,造成资金链断裂。

规避措施:市场部与客户、采供部与供方保持良好沟通关系,财务部与银行保持良好合作关系;寻求银行或保险公司支持。

(3)风险内容:需要现金流较大,资金不充足,后续的新品开发难以继续。

规避措施:实行预售制,保证资金不会被大量占用;招募联合创始人,筹集社会资金。

3. 运营风险

(1)用户风险。

风险内容:未能保持用户黏性。

规避措施:根据用户体验持续对产品进行更新升级。

(2)推广风险。

风险内容:产品建立初期,缺乏知名度,而且由于产品的某些功能比较超前,在向用户推介时有可能出现较大困难。

规避措施:根据不同企业的实际情况设计不同样本进行推广宣传;搭建视频平台演示推广;积极与相关企业沟通,确定合作意向。

3.7 同类项目差异化分析

(1)行业情况:目前行业的价值尚待挖掘,针对煤矿企业的智慧产品较少。

(2)行业竞争对手分析:目前市场上仅有两家与本项目产品类似的、专门针对煤矿安全的大型虚拟仿真技术公司。

①辽宁多维科技:其仅有远程虚拟教育/工种培训、工业仿真与本项目的交互虚拟教学、全景漫游安全操作功能相似。然而,其产品成本高,并因设备庞大而导致操作不便,除此之外,该产品功能单一,不具备其他功能。

②中国煤炭云:该公司主打大数据及智能监控,仅是本项目产品中的一部分,在对矿工的安全培训方面并未涉及。相比之下,本项目的产品更具有多元化的特征。

目前这两家公司产品较为单一,而且关于矿工安全培训的内容比较笼统,没有根据专业对象详细分类。但本项目的智慧矿山三维虚拟教学平台不仅集合了各类工种的虚拟仿真培训,而且有自己推广销售的方式和渠道。正是因为多样化,更有利于"智慧矿山"发挥平台自身的集群优势。

(3)市场空间分析:"智慧矿山"虚拟教学平台属于战略性新兴产业,根据表 5-5 分析可知,未来的发展空间较大,处于蓝海市场。

表 5-5 同类项目差异化分析

名称	本项目	竞争者		定价对比
	智慧矿山	辽宁多维科技	中国煤炭云	本项目/竞争者
功能	交互虚拟教学	远程虚拟教育/工种培训		高/高
	仿真演练考核			
	全景漫游安全操作	工业仿真		低/高
	生产操作教学片			
	安全事故警告片			
	可视化监测监控		煤炭安监/可视化调度	低/高
			大数据	

4 项目建设(创业)

4.1 组织机构建设

本项目在创业初期采取类似矩阵型的组织结构,设立行政部、人力资源部、财务部、技术部、规划部、营销部六个主要部门,见表 5-6。

表 5-6 部门架构表

部门	职能
行政部	参与制定公司战略,拟定年度业务规划和年度经营目标;建立健全公司管理体系,建立内部控制制度;负责组织企业文化的营建与推广,推动公司战略实现
人力资源部	负责对内、对外的日常事务,协调公司各部门之间关系,维护公司整体利益,及时协调完成各项任务
财务部	在一定的整体目标下,进行资产购置(投资)、资本融通(筹资)和经营中现金流量(营运资金),以及利润分配的管理
技术部	负责公司自有互联网产品开发工作的组织实施,保证产品质量;负责产品开发过程的管理与监控;负责组织公司产品的技术支持工作及组织售后支持和维护工作;参与客户项目的组织与管理过程
规划部	制定公司中长期规划和产品策略,负责与公司产品相关的业务咨询工作,组织对互联网产品开发部门需求分析、设计和开发的指导工作
营销部	具有监管市场部职能,对相关企业进行公关,进行广告宣传,企业形象宣传;组织市场调查分析,撰写市场调查报告;编制与销售直接相关的广告宣传计划;负责客户的售后服务,协调和维护与客户的关系

4.2 技术支持建设

(1)在研发过程中,本项目已荣获多项实用新型教学专利授权。

①教学展示平台专利,见图5-12。

图5-12 实用新型专利"一种数字媒体艺术环境下设计教学展示平台"

该教学展示平台用于开发项目的核心产品"煤矿生产安全操作三维虚拟教学平台",提供给员工三维可视化的教学体验。

②展示装置专利,见图5-13。

图5-13 实用新型专利"一种数字媒体艺术教学新型展示装置"

该展示装置为交互虚拟教学系统提供服务,使教学过程更具有直观性,使员工形成具体认知,从而提高学习的效率。

③放映机专利,见图5-14。

图5-14 外观专利"影视放映机"

该放映机服务于项目中的三维动画演示,为员工提供更好的视听效果。

(2)本项目得到了山西省研究生联合培养基地人才培养项目的技术支持,并申请到以"基于山西矿山的数字化教育与仿真技术应用研究"为主题的科研课题。

4.3 商业运作建设

1. 定价策略

(1)定价依据。

①渗透定价:是企业把其创新产品的价格定得相对较低,由此吸引大量顾客,提高市场占有率。在项目之初,我们将采用低价吸引顾客以提高市场占有率。

②组合定价:是对相互关联、相互补充的产品,采取不同的定价策略,以迎合消费者的某些心理。

(2)定价模式。在打开市场后本项目将会尝试采用组合定价方法,见表5-7。

表5-7 定价模式

	免费	收费
定价模式	生产操作教学片	交互式虚拟教学系统
	安全事故警示片	仿真演练考核系统
	液压支架交互式虚拟教学及考核系统	煤矿全景漫游安全操作平台
		煤矿三维可视化监测监控系统

(3) 对比定价。

在定价时,项目团队参考了市场上的多数价格(见表 5-8),分析了自己和竞争者的差异,对比之下,本项目平台产品覆盖面较广,而且质优价廉。

表 5-8 对比定价

	公司定价/元	市场定价/元
煤矿生产安全操作三维虚拟教学平台	512000	815400
仿真实操培训系统	154000	107600
交互虚拟教学系统	191000	108700
仿真演练考核系统	168000	9000
煤矿全景漫游安全操作平台	300000	6500
煤矿三维可视化监测监控系统	350000	305500
三维动画演示	185600	320000
生产操作教学片	42800	16000
安全事故警示片	42800	16000

2. 商业发展战略

目前"智慧矿山"项目已取得阶段性成果,覆盖了山西省各个市区,具有广大的用户群体。各推广平台粉丝达 5 万元左右,交易额达 924800 元,已渡出负债阶段,进入微盈利状态。由于大多数一线和二线城市,不论是从地价方面、公共设施方面还是新兴产业分布方面都有较大的优势,结合公司自身的实际情况,本项目选择以山西为辐射中心,向四周发散开展业务。

(1)初步策略(1~3 年):以山西省采矿业为中心,分析各大煤矿企业生产特点和需求,针对不同的实际情况,为各企业打造专属的煤矿生产安全操作三维虚拟教学平台,以期提高公司知名度。

(2)中期策略(4~6 年):以山西省为中心向外发散,向内蒙古、陕西等西北矿产地区逐步进行市场拓展;同时进行多元化发展,开发煤矿三维可视化监测系统,以及煤矿安全资格培训 App;并且参加每年的煤矿博览会,设置专属数字展厅,以期将产品推至全国。

(3)后期策略(6 年以后):本项目公司将开发新的产业市场,将虚拟现实、三维模拟系统应用到更多的生产领域当中,如开发石油开采、电力控制等其他高危行业的三维数字智慧系统。

4.4 网络营销建设

1. 网站推广

首先,本项目会搭建自己的网站,在首页把制作好的安全教育片进行投放宣传;其次,在各大门户网站投放广告,通过购买搜索结果页上的广告位实现营销目的;最后,在搜索引擎上投放广告,其优势在于具有相关性,广告只出现在相关搜索结果或相关主题网页中(见图 5-15),做到精准、高效的投放。

制作相关网络新闻,利用百度开放的新闻源,将其中的优质内容转载到本项目平台首页,并发布矿山类相关新闻,在文章中介绍本产品项目。

根据大数据分析有针对性地对目标用户进行弹窗式推广。通过大数据根据用户的网络使用习惯为本项目挑选潜在的目标用户。提高搜索排名,即就行业、品牌、竞品等关键词进行搜索排名的优化,提高被搜索的概率。

图 5-15 搜索引擎广告投放

根据项目发展,拟建立线上网络 VR 体验馆,采用 B/S 架构设计,在电脑和手机等设备上,使用户能够通过浏览器直接流畅地运行。用户也可以通过网络或者手机 VR 盒子体验本项目产品的部分功能,可以碎片化学习,并且可以不受场地、时间的限制,更好地了解本项目产品。

2. 自媒体推广

(1)微信公众号推广。

本项目建立了知一智慧矿山微信公众号,定期发布与采矿生产操作有关的话题文章,并将一些与虚拟现实体验相关的活动置顶,使用户在线上充分了解本项目产品的优点。目前通过后台数据显示,关注本项目信息的用户数量达 11365 人,日阅读量约 30 次。

项目团队进行的推广主要包括以下几种方式。

①大号推广:寻找行业内的优质大号进行推荐。

②互推:联合微信上的其他公众号进行互推。

③发布行业内的"干货"资料。

④粉丝社群:需要对每天群发的信息制订安排表,准备好文字素材和图片素材。一般推送的信息主要是最新的煤矿资讯、安全操作常识、安全事故警示视频方面的内容。粉丝的分类管理可以针对新老用户推送不同的信息,同时也方便回复新老用户的提问。一旦这种人性化的贴心服务受到用户的欢迎,触发用户发表自己的使用感受、行业经验进而形成口碑效应,对提

升品牌的知名度和美誉度效果极佳。

⑤推送计划：初期信息完善，初期内容主要围绕核心产品仿真实操培训系统，主要介绍公司的各种设备以及技术，使消费者深入了解项目的发展潜力及业务能力；"互动式教学、游戏式体验"路线，智慧矿山公众号以一周一次的频率将各项教学制作成短视频发布，这样才能够吸引粉丝并引起用户的兴趣；关键词索引，根据目标消费者特点，在留言区进行互动；搜寻相关的竞争者，主动关注对方的粉丝并进行互动。微信客服号及朋友圈推送，见图5-16。

图5-16 微信公众号、客服号及朋友圈推送

(2)微博推广。

①账号基本设置：微博信息认证，申请知一仿真团队官方微博账户，提升用户信任感。

②微博定位：精准定位，赢得市场。

A.产品定位：针对山西矿山安全现状的数字化教育产品；

B.客户定位：煤炭企业、煤矿行业从事者、矿业及物联网等相关专业教师学生；

C.内容定位：推送内容与用户的工作较为贴切。

推送内容中，30%的内容偏于大众化，比如时事热点、相关短视频等；40%偏重定制化，比如煤矿企业合作案例等；30%偏重专业化，例如关于煤矿生产安全考核、操作演示、安全警示视频等。

③微博内容推送框架体系：第一阶段，推送内容主要目的是提高公司的曝光率，避免直接售卖产品，引起客户反感；第二阶段，可以进行产品的定制接单，产品促销阶段就是提高产品的曝光率；第三阶段，用户可能主动转发微博内容。我们需要以内容为基础，创造精品内容与客户互动。

④建立数据库：建立数据和内容信息库，包括微博内容信息数据库、图片信息数据库，并不断在运营过程中发现推送的优化机制。

⑤建立效果评估体系：通过对粉丝量的增加、粉丝互动情况、转发次数、微博级别、微博量、微博时长、微博指数等来评估内容建设是否有成效，规避无用推送，增加有效推送。微博推送

及后台数据见图5-17。

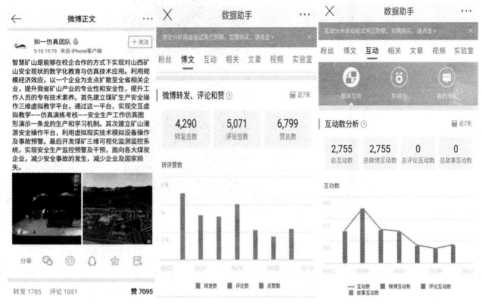

图5-17 微博推送及后台数据

(3)今日头条推广。

今日头条是一款基于数据挖掘的推荐引擎平台,它为用户推荐有价值的、个性化的信息,提供连接人与信息的新型服务,是国内移动互联网领域成长较快的产品服务之一。为了抓住这个新的增长点,"智慧矿山"正式入驻今日头条,开办了头条号。

(4)短视频推广。

当前,短视频行业异军突起,快手、抖音、腾讯微视等短视频应用吸引了大批流量。在生活节奏越来越快的时代里,短视频这种碎片化的获取方式和社交方式越来越受到人们的欢迎。根据不同的工种,我们会制作不同的操作短视频,让更多的人来参与答题互动,通过参与者的口碑传播给产品做"活广告",进而扩大公司影响力。

这个推广方式主要分为两步:

①准备阶段:真实地点赞、关注、评论、分享、看直播,延长在线时长,关注与产品定位相关的内容,如矿山安全、操作培训、矿山设备介绍等,每天30分钟至1小时以上,数量百条以上,主要目的就是为了增加账号的初始权重。账号权重越高,平台的推荐率越高,阅读量和点赞、评论量越高,这些直接决定了账号的运营效果。

②运营阶段:当账号有了一定的固定粉丝用户后,就要定期更新视频内容,增加用户的黏性;并定期回答用户提出的一些有代表性的问题,解答用户的疑惑。

今日头条与抖音短视频推广见图5-18。

(5)BBS论坛推广。

在国内各大专业BBS论坛等知名专业性网站注册账号,发布一些具有专业性、趣味性的帖子,提高发布内容的曝光度,并且定期回帖互动,发掘潜在的用户,见图5-19。

图 5-18 今日头条与抖音短视频推广

图 5-19 BBS 论坛推广

3. 电子邮件推广

电子邮件推广是以订阅的方式将行业及产品信息通过电子邮件的方式提供给所需要的用户,用这样的方法建立用户黏性,见图 5-20。

图 5-20 电子邮件推广

5 项目运行与维护

5.1 运行与维护过程

1. 运行维护内容

(1)日常运行维护,包括系统操作指导、因系统缺陷导致的各种漏洞修复、因错误操作导致的数据错误维护等。

（2）项目中平台、系统等突发事件的诊断、排除。

（3）因业务发展需要或需求变动引发对系统的新增、完善软件功能等。

（4）咨询服务，即帮助解答甲方公司或个人会员提出的相关技术问题，包括技术咨询、指导和信息提供等。

（5）运维总结，即定期撰写运维总结报告，总结回顾当期各项运维工作开展情况，重点描述和分析出现的技术问题和服务质量问题，并给出整改方案。

2. 维护形式

（1）现场技术服务方式：如因应用软件系统出现重大故障导致业务中止，则会派技术人员到现场协助进行故障分析，并提出解决方案。

（2）远程维护方式：通过电话、电子邮件、传真或远程访问等方式进行系统故障的处理、技术支持、咨询服务等工作。

5.2 运行与维护效果

1. 市场影响

山西是煤矿资源大省，但是在技术培训和安全教育方面还沿用传统方式，从而造成大量人力、物力资源浪费。在虚拟仿真培训方面，山西还有较大市场空间。本项目正是利用该市场空间，改变了线下文字培训无法真实了解员工实际操作能力的现状，采用"互联网＋三维虚拟仿真技术"与传统煤矿生产教育相结合的方式，解决线上教学的细节展示、流程示范、上手操练等关键问题，致力于提高煤矿从业者的专业素养，提升煤矿企业的安全教育培训效率。目前已使全省6个煤矿的2万余名矿工受益。

2. 运营业绩

随着项目的投入运营并逐步走上正轨，目前本项目已取得阶段性成果：覆盖山西的朔州、临汾、长治3个城市，具有广大的用户群体，各推广平台粉丝达5万左右，已完成6个煤矿的对接，定制产品23项。2019年交易额达924800元，除去初期的成本投入，毛利达5万余元，已跳出负债阶段，进入微盈利状态。接下来项目将以安全矿下生产的虚拟教学服务为重点，以私人订制为主要盈利方式，扩大在业界的知名度和人气，提高平台和系统的使用率，从而实现在矿山产业圈的初步覆盖。

3. 社会与经济效益

（1）促进工业教育的数字化转型。智慧矿山项目不仅可以使受众实现游戏式学习体验，更可以在虚拟环境中无限"试错"，反复实践成长，避免因枯燥无味的文字授课而导致的厌学情绪，这种"体验＋反思式"学习的过程，更容易被受众所接受。并且以图形化的虚拟展示生产的基本状态，还可以更直观地指导现场生产和设计。

（2）减少安全事故的发生频率。在非可再生性资源的合理利用及安全生产和采掘工艺变革的需求下，可视化的安全教育能够有效提高一线矿工的岗位技能和安全意识，同时更能减少人工作业的危险系数和死亡率。在保护矿工生命安全的基础上，间接地减少国家经济损失，维护国家经济利益。

（3）推动煤矿行业可持续发展。在数字化改革的大趋势下，各行各业都应加强跟紧时代前进步伐的现实紧迫感,构建完整的沉浸式煤矿安全教育。这不仅有利于矿工安全意识的提升,规范生产操作的各类行为,更影响管理层对安全现状的正确预估及决策,由粗放型管理向集约型管理转变,推动煤矿行业的可持续发展。

6 分析与评价

6.1 指导老师点评

对于创业项目的选择,知一团队立足山西本土特色,顺应信息时代人工智能的发展潮流,提出传统煤矿行业的数字化变革,以仿真教学代替线下培训,在多次市场调研及煤矿现场考察的基础上,确定目前山西处于蓝海市场,可以说是做出了正确的选择,其创业成功的机会是相对较大的。

在本次创业报告书的书写过程中,我发现了参赛队员的优点与问题。优点在于参赛队员以实际落地为切入点,不浮于纸上谈兵的"假大空",其着重分析市场痛点和解决措施,进行市场细分和市场定位,划分区域客户,对各个区域煤矿进行攻坚,对营销推广模式深入分析,为产品的电子商务销售方面奠定了坚实的基础。而问题则在于参赛队员都是初入社会,只在意自身的产品研发及营销方式,忽略了残酷的市场竞争,希望在日后的创业实践中,能够对这方面更加关注。该项目最大的亮点在于多类互补产品的配合研发,以及研究生团队独特的科研创业相结合的模式。通过这次比赛,队员们的团队合作意识、竞争意识都有了较大的提升,而我作为老师也从他们身上感受到了年轻学子创业的激情与多彩的创业想法。

6.2 专家评析

该项目针对煤矿安全事故频频发生、安全培训不到位或者危险信息传导不及时等现状,开发了智慧矿山安全数字化教育与仿真平台,针对性地解决企业对于员工安全操作培训的痛点问题,并取得了显著效果。项目包括虚拟教学平台、可视化监测、三维动画演示、智慧矿山AR安全教育系列产品等四个版块,具有相当的难度和深度。项目各系统均可根据实际需求和场地情况进行个性化定制,配合等比例、高精度、高仿真的虚拟场景,实现真实环境再现,具有极强的沉浸感和视觉冲击效果。项目依托于互联网,以外网为主,可实现在线登录教学平台;以局域网为辅,可实现企业内部可视化监控,功能比较完善。项目运用了STP、SWOT等工具分析了市场定位和运营战略,设计了技术路线和方案,并进一步对经营模式、组织架构、风险控制、投资回报、社会效益等进行了分析,整体比较系统,具有可操作性和可期的市场价值。

评阅人:张利(西安邮电大学教授、中国信息经济学会电子商务专业委员会常务理事、陕西省软科学学会常务理事、陕西省应急管理学会理事)

案例六　五四创客——五四公社自媒体学习平台

获奖情况：第九届"三创赛"特等奖
参赛团队：郑州师范学院　五四创客
参赛组长：于　刚
参赛队员：于欣婉　沈佳颖　范旭燕　魏义铭
指导教师：张　玉
关键词：在线教育　自媒体　互联网＋

摘要：本团队基于自媒体"人人可参与，人人可创作，人人有收益"的平台特点革新教学模式，打造集专业资讯阅读、课程教学、教学管理、实习实训、创新创业为一体的自媒体互动学习社区，主要服务对象为在校大学生。我们基于"互联网＋"的时代背景、互联网云网端一体的数字化基础设施以及实时协同通信技术，通过自媒体学习平台使教育学习无处不在。目前本项目平台已经正常运营并有所成效。本平台的价值在于将微课堂与课堂教学有机结合，线上学习与线下学习融合为一体化、泛在化、智慧化的学习流。

1　项目简介

1.1　项目主要意义

党的十八大提出，在 2020 年我国基本实现教育现代化。没有教育的信息化，教育的现代化就无法实现。五四公社网站通过加强对网络在线课程的建设与研究，并以此促进教育公平、提高教育质量、推动教育创新。平台利用在线自媒体教育的方式改变了学生传统学习的方式，加快了社会化协同，知识也越来越去中心化。在这个过程中，本项目的互联网模式改变了学生的认知，也带来了教育的创新，其教学思想、教学理念、教学组织形态、教学方法等都发生了改变。

1.2　项目达成目标

本项目平台未来的目标是树立五四公社自媒体平台的品牌，成为全行业乃至全国最优秀的大学生自媒体互动平台。目前本项目平台正向以下几方面发展：稳定运行，功能完整，易于扩展；技术创新，数据管理，智能化流程；流量活跃，用户黏性稳定。

1.3　项目主要内容

本团队旨在通过自媒体获取资源整合高校教师的在线课程和学生喜爱的精品学习资讯，以及相关企业的实训项目信息及兼职信息，为在校大学生提供学习互动交流平台和实训平台。

从形式上看，本项目平台是"自媒体资源获取＋在线学习＋实训"的结合体。本项目平台通过高校教师与学生的实时互动和通过资源对接提供项目实训机会等方式，结合当下热门的自媒体传播形式，让学生既可以互动学习，又可以进行操作性实训，又可以在实践中进行创业。

五四公社基于日趋稳定的在线教育和成熟的自媒体市场，借助自身多元互利的发展优势，未来会不断扩大项目范围，扩大市场。

1.4 项目技术路线

本平台基于大数据智能推荐技术实现千人千面的个性化内容推送，创建自媒体用户内容生产、学习、交流、答疑一体的平台，并与企业合作，整合相关企业的实训项目信息及兼职信息，为在校大学生提供实训、兼职平台，让用户学有所练、学即可练。

1.5 项目特色

"五四号"是五四公社针对个人自媒体用户推出的信息发布平台，认证成为自媒体作者的用户拥有在平台发布内容的权限，此功能可供教师、学生以及个人自媒体用户使用。该平台致力于帮助教师和学生的实时互动以及提高个人自媒体在移动互联网的曝光度和关注度，后期还会增加收益功能来鼓励学生、教师以及原创教育类作者发布优质内容。任务宝是专业的服务外包兼职、实训平台（见图6-1），平台整合了相关企业的实训项目及兼职信息，为在校大学生提供实训机会，让学生可以在实践中对课堂内容进行灵活应用。

图 6-1 任务宝界面

2 项目分析

2.1 市场需求分析

随着互联网的高速发展和用户需求的不断升级，用户的内容消费更加专业化，形式更加多元化，加速了垂直内容领域的发展和新兴内容分发平台的建立，由此争夺用户注意力和使用时长成为自媒体入局者争夺的焦点。2017年以后自媒体行业进入理性发展且酝酿着局部变革，本项目平台布局"五四号"并可收获红利；商业多元化发展，短视频和直播正呈现爆发式发展；用户版权保护和知识付费意识逐步增强，自媒体行业发展将更加规范。

国家政策的驱动、用户需求的不断扩张、技术的持续升级、在线学习产品的丰富和成熟都推动着在线教育市场规模进一步增长，在线教育企业上市热潮还将持续。根据艾媒数据所提供的《中国在线教育用户对在线教育取代线下教育的态度》（见图6-2）以及《中国在线教育用户使用在线教育平台的主要原因调查》（见图6-3）可知，84.9%的用户认为在线教育可部分取代线下教育。其中，49.4%的在线教育用户认为线下教育为主，在线教育为辅。47.0%的在线教育用户主要使用原因是随时随地学习，43.4%的在线教育用户主要使用原因是课程、题库等教学资源丰富。在线教育突破时间和空间的限制，满足了移动互联网时代用户学习时间碎片化的需求，实现了大规模的教育资源开放共享。在线教育行业可以为线下教育提供科学、合理且可量化的评定依据，可以提高教学效率，助力教育个性化，实现因材施教。按照行业的发展趋势，未来的教育行业应该是线上线下相结合、并行发展的关系。

图6-2　2018年用户对在线教育取代线下教育的态度

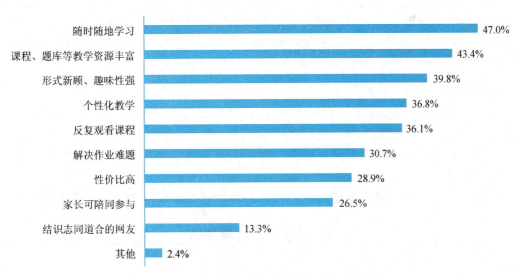

图6-3　2018年用户使用在线教育平台主要原因

2.2　产品市场定位

作为服务平台，本项目聚焦相同兴趣爱好的大学生，分享优质的微课以及有关校园、学习、人文、生活等的精品资讯。作为学习平台,可供学生和教师使用,也可以根据高校专属页面定制实现更高效的教学管理,学生可以实现包括课前预习、课后复习、成果检测、课堂作业、学科竞赛等学习内容的需求,实现高校教师与学生的实时互动。

2.3 可行性分析

1. SWOT分析

本项目平台的SWOT分析如表6-1所示。

表6-1 SWOT分析

优势(strengths)	劣势(weaknesses)	机遇(opportunities)	威胁(threats)
平台初建规模	无法迅速获取到精准流量	平台有助于高校教学质量的提高	现存自媒体教育平台的竞争威胁
目标群体明确	没有足够的周转资金	平台有助于学生用户学有所练,提高技术水平	自媒体发展迅速,内容产出变化快
服务内容全面化	受众面较小	平台为互联网高效信息转化为在线教育带来生机	
已在郑州师范学院电子商务学院试运营		自媒体行业流量大	
已有一定的用户群		互联网平台潜在用户多,易培养用户黏性	

根据SWOT分析,五四公社自媒体学习平台在竞争激烈的行业里另辟蹊径,以今日头条为代表的头部自媒体平台多着眼于新闻资讯获取,针对人群较为广泛,而五四公社有着特定的服务人群大学生,内容细分,形式多样,符合当下行业的精准化需求。

2. 目标定位

(1)树立五四公社自媒体平台的品牌,使其在业界有一定的知名度和良好的口碑。

(2)构建一个稳定运行的、功能完整的、易于未来扩展的大学生自媒体互动学习社区。

(3)制作符合用户需求的、经常使用的产品内容,实现基于大数据的内容更新以及审核的智能化流程。

(4)至2020年底实现网站注册用户数100万,争取有100万至1000万的活跃流量。

3 服务产品及其特色

3.1 产品形态设计

1. 教师:创新教学模式

本项目平台通过微课打造网红教师。教师将每节课最精华的部分转化为微课视频上传至五四公社自媒体学习平台,通过平台课程积累逐渐形成在平台上具有一定影响力的"名人"教师(见图 6-4)。微课教学使知识变得更形象、直观,更能激发学生的学习兴趣,也利于学生进行自主学习、自主探究。此外,微课短小精悍的特点能在学生注意力集中的时间内,有针对性地对知识点进行讲解。另外,微课提供了自由交流的学习模式,对于复习有关操作性知识而言,微课效果极为明显。

图 6-4 网站明星讲师

2. 学生:创新自媒体学习方式

(1)创新学习模式:将课堂教学与微课学习相结合,课前预习、课后复习、成果检测、课堂作业、学科竞赛等多元化教学需求都能够在五四公社学习平台上实现。

(2)碎片化时间学习:自媒体开放、便捷、共享、简易、移动访问等优势得到大学生的青睐,学生倾向于利用碎片化时间进行学习,五四公社自媒体学习平台短视频微课教学模式应运而生。

(4)学生自我价值体现:基于自媒体平台所具有的即时、高效传播优势,学生可以将自己的学习成果、体会心得、学习过程等通过文章、图集或视频的方式展现给更多的人,符合当代大学生迫切想要实现自我价值、展示个性的需求。

3.2 经营模式设计

五四公社自媒体学习平台以服务学生学习为主,课堂之上,五四公社平台作为一个辅助工具可以便捷地帮助老师讲解例如讲解资料和实例演示,同样可以帮助学生更清晰地理解;课堂之下,利用学生碎片化的时间帮助学生更好地提升;走出课堂,对接企业实际项目,实现资源互换,帮助学生在线实训及创新创业。

1. 学生注册与认证

学生注册成为平台用户后即可在平台实现基本操作,包括新闻资讯浏览以及评论功能,学生可以认证为个人学生作者,实现在平台进行内容发布的操作。

2. 教师注册与认证

教师需要以个人身份注册平台账号,并且在个人中心进行教师作者认证,按照要求填写符合教师身份的名称、头像与账号介绍。由后台人员统一审核通过,未按要求填写者不予通过。

3. 互动学习方式

除了采用传统的课堂教学模式之外,教师需引导学生使用媒体平台学习,主要包括课前预习、课后复习、成果检测、课堂作业、学科竞赛等,要求教师根据自己所教专业找到平台对应板块进行课程录制与上传,展示方式不限于视频,也包括文字教程与图集。整个过程教师与学生紧密结合,既充分调动学生的自主学习欲望,也对教师的传统授课方式进行了极大的改变,将每个课时最精华的部分转化为视频、文字教程或者图集的方式展现给学生。

4. 录制课程、发表教程与图集

录制课程时,教师采用录屏软件进行课程录制,需按照教师个人所教专业的课程设计来录制系列课程,每节课程时间保持在5~10分钟为佳,不允许录制无声音视频,必须配以相应的讲解。

3.3 技术设计

五四公社自媒体学习平台主要有四大算是板块,具体功能为"精品资讯""课程培训""特色微课""五四号"和"任务宝"。

3.4 组织管理设计

本公司在创业初期采取类似矩阵型的组织结构。人员分为管理层、产品运营、技术骨干、设计开发、客户服务五大类。企业采用董事会下 CEO 负责制,下设人事部、技术部、市场部、运营部、财务部五大部门。

3.5 财务设计

1. 投资预算

公司建立初期,需要大量的资金投入。经预算需要 80 万的投资,用于购置固定资产、支付生产运营启动费用以及网站建设费用。

2. 收益来源

(1)广告收入。

网络广告营销是配合企业整体营销战略,发挥网络互动性、及时性、多媒体、跨时空等特征优势,策划吸引用户参与的网络广告形式,选择适当网络媒体进行网络广告投放。

(2)企业入驻服务收费。

企业入驻网站实现与高校合作需要交纳一定数量的入驻金,网站提供人才资源给企业,实现合作共赢。

(3)交易额提成。

根据协议,我们将对用户与企业达成的每笔交易中提取 5%～10% 的提成费用来增加网站的收入。预计每单收入 4～7 元提成费,预计第一年平台交易额提成单项收入每月达到 5000 元左右,年单项利润达到 6 万左右。预计第二年平台交易额提成单项收入每月达到 1.25 万元左右,年单项利润达到 15 万左右。预计第三年平台交易额提成单项收入每月达到 4 万元左右,年单项利润达到 45 万左右。

3. 项目收入概述

根据市场规模,可以得出 2019—2023 年本项目网站的收入,如图 6-5 所示。

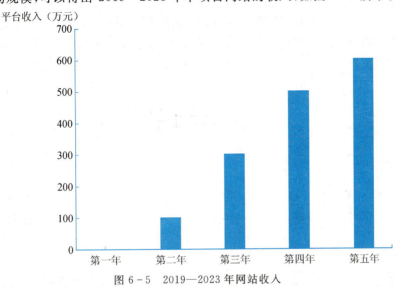

图 6-5 2019—2023 年网站收入

3.6 风险控制设计

1. 技术风险

自媒体对技术具有很大的依赖性,尤其是人工智能和大数据技术,而这种依赖性使其不可避免地要面临技术风险的冲击。主要风险有开发新技术的运作成本比较高、技术创新的迭代等。

2. 市场风险

五四公社自媒体学习平台的建立,涉及传统的高校教育行业,该类教育行业的创新风险极大,无法很快做到颠覆市场以及行业,需要逐渐渗透。同时自媒体行业容易受带有新技术、新趋势、新创意、新平台的冲击,尤其内容展示的形式多样化,例如 VR、AI、可穿戴智能设备的应用。另外,五四公社平台市场成熟度还不够高,对用户的把控监管力度还不够,尚未形成完善的监管体制,比如相关的版权保护措施尚不健全,还有难以监管有一些用户发表一些不当言论。

3. 财务风险

作为新兴的自媒体平台主要依靠广告来盈利,这种单一的模式使其经营的风险大大提升,很难实现产业自身的长久发展以及更大的盈利获取。在投入使用资金时容易造成资金周转困难，以及广告商的费用拖延等，不能把握资金的固定使用。缺乏有效多样的筹资手段，并且有效的财务监管体制不够成熟。

4. 人事管理风险

公司的工作人员非常年轻，缺乏成熟的创业经验，使得运营平台时的风险增大，决策制订困难。如何能在平台运营初期拥有一支可靠的技术和管理团队是一个很严峻的问题。

5. 法律风险

由于本平台存在资讯类模块，需要从各个领域收集大量信息，也需要借鉴其他成熟企业的经验，在此过程中，难免牵涉到侵权等法律问题。若对国家关于平台经营等的规定不够熟悉，容易在某些地方由于疏忽出现违规，严重的可能被吊销经营许可证勒令关闭。同时，在平台运营过程中会牵涉到资金交易，买卖双方产生的交易纠纷也会给网站带来声誉、经济等方面的负面影响。

4　项目建设

4.1　组织建设

我们注重用户，希望建立良好的用户关系。为此，我们建立了统一完善的用户管理系统，针对不同类型的用户进行管理，建立专业化售后服务体制，可以更有针对性地为用户服务。

4.2　技术建设

在个性化设置方面，我们设立了专门的小组构建了基于结构化数据的用户偏好分析模型。该模型可以通过对用户的数据业务行为、基础画像、互联网行为等信息进行数据分析，研究用户的业务偏好以及内容、时间等偏好，自动对用户分群，生成用户标签；在每个用户群内，对用户的业务使用行为做内容关联分析，实现对用户的精准定位和精准推荐，提高用户满意度；并且可以将收集的用户基础数据，通过数据分析加工变成有业务指导价值的规律和经验，通过数据挖掘变成有应用价值的模型和方案。使用这些规律和模型，可以优化业务流程、提升经济效益、满足用户需求。

在数据方面，我们注重保护用户信息安全，建立了一套科学完整的用户隐私保护体制来维护用户隐私。具体是将用户隐私保护规程融入平台的日常业务流程中，定期进行独立用户数据审计，分析上报用户隐私泄露情况，及时补救。用户数据作为平台商业机密，严禁任何人以任何方式泄露，凡泄漏用户数据信息，一经查实，平台将追究其相关责任并给予处罚。

4.3　经营系统建设

我们的经营系统建设在于以下三点：高绩效的工作团队；高度专业的服务产品；用户忠诚度和满意度。

4.4　营销推广

我们的营销计划主要从吸取用户（拉新）、留取客户（留存）、提高客户活跃度（促活）从而使其变为忠实客户三个角度来制订。

(1) 初期品牌推广：以大学生为切入点，通过互联网结合线下活动，使发展多样化，形式具体化，内容优质化，服务个性化。

(2) 搜索引擎推广：利用搜索引擎优化保持大量的流量及客户资源；进而增加客户的点击浏览率，同时扩大外链活力，增加网站的搜索引擎曝光率。

(3) 投放广告推广：在今日头条、抖音、百度、知乎等目标潜在用户较多的大型平台进行广告投放。

(4) 社会化营销推广：创建"三微一端"推广模式，保持更新速度和新颖性。

(5) 举办线上比赛和线下活动推广：举办线上自媒体创作大赛、教师优质课营销大赛等，并选择一些与网站或自媒体相关的论坛及贴吧，对五四公社的比赛信息进行发布。线下举办五四公社作者交流会、五四用户社团探讨会等，可以以月为单位开展五四社团活动，召集平台上学生一起参与演讲、歌唱、手工、游戏等。

5　项目运行与维护

5.1　运行与维护过程

五四公社自媒体学习平台拥有舒适的使用体验，学生用户不仅可以利用碎片化时间学习，还可以将自己的学习成果、体会心得、学习过程等以视觉化方式呈现，教师用户针对学生需求进行针对性的讲解，教师所得到的关注度越高，将会被评为"名人"教师，获取更多关注，而普通用户也可以通过优质的内容生产成为平台具有影响力的"风云人物"。

在五四公社平台，我们面向所有的高校大学生及高校教师。针对学生，我们主要从学习深入化、一体化、"学习＋实训"等方面考虑，满足学生在获取知识提升能力的同时为学生未来夯实基础。针对教师，我们从多样化、形象化教学和实时互动讲评等方面考虑，让教师利用本项目平台不仅能为学生不断进行文化输出，同时也提高了教师自身的教学能力。并且本项目平台有助于潜在拉近师生距离，促进师生关系。

1. 针对合作企业

本项目平台将与部分企业合作，致力于提高学生的实训操作能力和实践能力。这就需要平台寻找与相关课程相契合的资源供学生选择，同时保证关联信息双方利益。

2. 针对原创作者和教师

平台将通过多种媒体渠道向社会招募优秀的原创作者入驻，并寻找优秀的教师资源，让创作者们在平台发布相关文章或资料，营造积极向上的平台氛围，致力于形成良好的学习环境。

5.2　运行与维护效果

1. 市场影响

我们的主要盈利将来自精准流量的信息流广告业务、商业资源对接以及二类电商业务。就客户群而言，目前全国共有大学1500所左右。五四公社自媒体学习平台的推广使用将为在线教育带来极大推动力。

2. 运营业绩

在企业入驻方面，每个企业收费 200/每月，一年 2400 元，包年优惠政策 2000 元，第一年实行优惠政策，入驻企业不需要缴纳入驻金。预计第二年入驻企业两百多家，第二年企业入驻费收入为 35 万以上。预计三年后入驻企业 500 家以上，第三年企业入驻费收入为 100 万以上。

在交易额提成方面，用户在平台得到适合自己的工作机会，我们将对用户与企业所达成的每笔交易中提取 5%～10%。

3. 社会与经济效益

随着社会对高新技术人才的迫切需要，在线教育行业也面临不断地改革深化，由 1.0 时以营销为重点转至 2.0 实行录播授课再到如今 3.0 版本的直播授课，用户的体验感越来越强，企业技术投入力度也越来越大。自媒体行业也是如此，现在万象丛生的大环境下不断推陈出新才能赢得自身的竞争力，获取更大的经济效益。为了更好更快地跟上并引领时代的步伐，今后的线上教育自媒体平台也必然要朝着满足用户优质体验感和便捷性的方向发展，不断研发新兴技术。积极与高校建设合作，这不仅有助于教育平台的不断完善与进步，还有助于高校教育寻找学生对教育资源有效利用的途径。

6　分析与评价

6.1　指导老师点评

五四公社自媒体学习平台是学生们结合当下在线教育和自媒体传播模式等热门领域所提出的创意性较高的创业项目，对于这两个领域市场均未饱和，实施性是有的，作为项目创业成功也有比较大的机会。

在书写创业计划书的过程中，学生们结合自己专业所学，把项目开发过程中的技术性相关内容转化为商业计划书，内容上有所联系也有较大区别，学生们的优势在于平台开发已经比较成熟，再加上是比较受欢迎的创新模式，在推广上有自己的优势。但是也有一些问题，把创业内容商业化必然会有一些阵痛，平台的运行、风险的管控、财务预算的经验不足等。好在学生们一一克服了，整个项目的商业模式也很明晰且有操作性。从创新、创意及创业方面都有所兼顾。

通过这次比赛，学生们不仅学习到了怎样写好一份创业计划书，也对创业有了一个更加清醒的认识。此外，在整个项目的实践中，他们的团队合作意识、竞争意识都有了很大的提升，而我们也从他们身上感受到了年轻学生创业的激情与多彩的创业想法，我们彼此都得到了进步与提升。

6.2　专家评析

该项目定位于一个自媒体学习平台，通过在线课程的建设与研究，以促进教育公平、提高教育质量、推动教育创新为宗旨，以加快我国从教育大国向教育强国、从人力资源大国向人力资源强国迈进为愿景，希望利用在线自媒体教育的方式改变学生传统学习的方式。项目计划通过自媒体获取资源的形式整合高校教师的在线课程和学生喜爱的精品学习资讯，以及相关企业的项目及兼职信息，为在校大学生提供学习互动交流平台和实训平台。从形式上看，项目是一个"自媒体资源获取＋在线学习＋实训"的结合体。项目的网站通过高校教师与学生的实时互动和通过资源对接提供项目实训机会等方式，结合自媒体传播方式，让学生既能互动学习，操作实训，又能在实践中进行创业。

该项目能够敏锐抓住时代潮流，将自媒体的内容创造活力和在线学习的方兴未艾趋势相融合，发挥各自优势，形成"1＋1＞2"的聚合效应，具有成长潜力和市场前景，希望项目团队再接再厉，将项目做强做大，为教育强国作出贡献。

评阅人：张利（西安邮电大学教授、中国信息经济学会电子商务专业委员会常务理事、陕西省软科学学会常务理事、陕西省应急管理学会理事）

案例七 余音

获奖情况:第十届"三创赛"一等奖
参赛团队:贵州师范学院 余音
参赛组长:肖宇怡
参赛队员:吴晓温 李海龙 陈 浩
指导老师:谭 韬 韦南京
关键词:空灵鼓 线上教育与社交 民族文化传播

摘要:近年来随着经济的发展和时代的进步,我国的民族音乐有着广泛的应用及良好的发展趋势。传统器乐是我国传统音乐文化的重要组成部分,是我国乃至世界文化宝库中的艺术瑰宝。我国的传统器乐在长期的发展与改革过程中取得了令人瞩目的成就,但在西方器乐的冲击下,也遇到了前所未有的发展瓶颈。在十九大号召树立基层文化自信背景下,团队深度挖掘空灵鼓这一传统乐器市场,发扬传承民族文化精神,为文化自信融入大众生活贡献一分力量。

据有关调查显示,民族乐器产业是中国音乐产业的重要组成部分。截至2019年,传统乐器行业规模以上企业35家,累计完成主营业务收入57.48亿元,同比增长7.99%。中国传统乐器消费向中高档提升,音乐教育呈爆发式增长。通过分析发现,目前传统乐器市场存在缺乏优质内容、网络资源不够集中、缺乏乐器类品牌平台产品、行业非标准化等问题。团队结合多年积累优势,以"弘扬中华优秀传统文化、普及中国器乐知识"为理念发展传统器乐空灵鼓。

本项目致力于打造专业的空灵鼓在线教育和社交平台,集内容生产、在线教学、线下社群、乐器销售为一体。通过抖音等平台引流,让粉丝变成用户,通过向粉丝售卖空灵鼓以产生收入。用户购买空灵鼓以后,到平台上学习课程,将学习的技能应用于演奏,再吸引更多的用户,形成商业闭环。余音微店专门销售空灵鼓及周边文创产品。平台邀请专业的空灵鼓演奏者合作,邀请名师入驻,录制优质的教学视频并进行直播教学,形成了完整的课程体系和师资库。余音致力于打造国内有影响力的空灵鼓学习平台,开辟民族文化传播的新路径。

1 项目简介

1.1 项目主要意义

党的十九届五中全会着眼战略全局,对"十四五"时期文化建设作出部署,明确提出到2035年建成文化强国的远景目标。文化是软实力,增强文化软实力则是硬任务。"十四五"是全面建设社会主义现代化国家开局起步的重要时期,必须在文化强国建设上迈出坚实步伐。要坚持以社会主义核心价值观引领文化建设,加强社会主义精神文明建设,提高社会文明程度。余音团队响应十九届五中全会号召,树立基层文化自信,使传统民族乐器与文化自信高度紧密结合,使文化自信融入大众的生活,发扬民族乐器、开辟民族文化传播的新路径。余音团队将用户的兴趣爱好与文化自信相融合,发挥文化引领风尚、教育人民、服务社会、推动发展的作用;为提升公共文化服务水平,健全现代文化产业体系,促进满足人民文化需求和增强人民精神力量相统一贡献力量。

1.2 项目达成目标

1. 项目目标

(1)计划在未来几年,本项目抢先占领空灵鼓在线教育与社交市场份额的40%,确保余音团队在同类行业中处于技术革新的领先地位。

(2)整合先进的人工智能和数据技术,颠覆传统的空灵鼓学习的模式,项目团队将不断吸收新技术,改进余音平台系统,对平台核心技术进行不断研发,逐步实现和打造空灵鼓学习与教学平台的垂直产业。

(3)本项目以民族乐器行业为主要发展领域,专心致力于民族乐器教育的传承和发扬,在传统教育向科技创新教育发展的转折点上,助力中国传统民乐发展创新,用科技改变传统民族乐器学习模式。

(4)本项目通过用户画像精确地为每一位用户量身打造在线课程。

(5)结合用户画像进行更好的工艺研发,延长产业链,余音平台提高自身附加值。

2. 近期效果

(1)搭建了国内目前最大的空灵鼓在线教育与社交平台,自建课程超过740课时。

(2)通过线上线下培训,累计带动就业876人次。

(3)余音微店营业10个月,售出空灵鼓及其周边文创产品一共8456件,总营业额达170万元,净利润为59万元。

(4)精准刻画用户画像,针对不同的用户群体、不同的应用场景设置了不同的课程体系,累计讲授初级课程360课时,中级课程235学时,进阶课程145学时。

余音微课的网页,见图7-1。余音微店界面,见图7-2。

1.3 项目主要内容

余音团队致力于打造专业的空灵鼓在线教育和社交平台,集内容生产、在线教学、线下社群、乐器销售为一体,为用户提供专业教学视频和资料,打造专属的学习路线。余音的线上商业模式概括为"引、学、练、玩、买、用"(见图7-3);在线下开设余音社,以此来发展更多空灵鼓爱好者。

1.4 项目技术路线

本项目创建了产学研一体的平台,从平台引流、平台研讨到平台教学都能在网站上实现,构成"引、学、练、玩、买、用"商业闭环,使几个方面得以互相促进,互相辅助。

图 7-1 余音微课网页

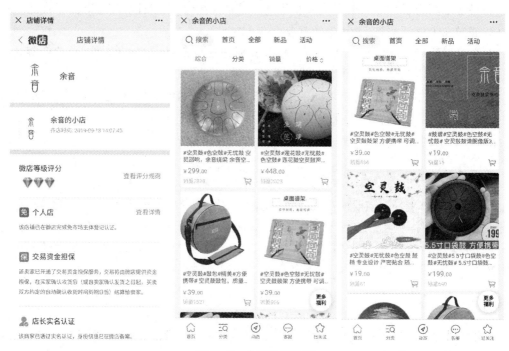

图 7-2 余音微店界面

```
┌──────────────┐      ┌──────────────┐      ┌──────────────┐
│    引       │      │    学       │      │    练       │
│  门户引流    │─────▶│  内容分发    │─────▶│  社群活动    │
│余音通过在大型门│      │用户通过平台进行│      │用户在练习中可以在论│
│户发布优质的课程,│      │学习,针对不同群体有│    │坛相互交流研讨,找到│
│达到引流的目的。│      │不同的课程体系。│      │志同道和的朋友,组织│
│              │      │              │      │线下活动提升社交能力│
└──────────────┘      └──────────────┘      └──────┬───────┘
        ▲                                          │
        │                                          ▼
┌──────────────┐      ┌──────────────┐      ┌──────────────┐
│    用       │      │    买       │      │    玩       │
│  展示/就业   │◀─────│  电商零售    │◀─────│  交流心得    │
│经过空灵鼓课程学│      │用户通过观看视频│      │用户提出意见我们优化服│
│习后,能够快速演│      │而对空灵鼓产生兴│      │务;用户在其他平台发布│
│奏、表演展示、促│      │趣,从而以     │      │空灵鼓视频推广空灵鼓│
│成就业        │      │"引"促"买",实现变│     │              │
│              │      │现           │      │              │
└──────────────┘      └──────────────┘      └──────────────┘
```

图 7-3 "引、学、玩、买、用"商业闭环

1.5 项目特色

本项目通过用户画像分析及用户反馈,制订了递阶式、闯关式学习课程体系。递阶式学习课程分为初级、中级、高级课程;闯关式学习课程为 5~8 分钟碎片化视频片段,通过闯关方式完成,最终完成闯关任务即完成该部分教学目标。同时本项目通过收集制作空灵鼓教学视频,录制了一套完整的空灵鼓技术课程。

本项目通过简化中国古曲,利用简洁的乐谱和易懂的教学方式,形成了独家线上曲谱矩阵,独创乐谱 57 张,改创乐谱 130 张,并通过在鼓平面摆放不同的鼓槌位置简化乐谱,达到零基础教学。

本项目打造了以创始人为主体的网红达人,现已入驻抖音成为"达人"和 B 站"UP"主,从而进一步引流,与线上商城同步进行空灵鼓以及周边文创产品的销售,达到盈利目标。

本项目独家运用蒔绘工艺和戗金工艺,打造高端系列产品时鸣春涧及金蒔凰绘系列,并申请专利四项,其中发明专利两项、实用型新型专利一项、外观专利一项。

2 项目分析

2.1 市场需求分析

2019 年中国乐器行业主营业务收入达 447.64 亿元,同比增长 5.45%;工业增加值增速为 4.7%,高于同期全国轻工行业 4.4% 的平均水平;出口交货值 91.29 亿元,同比增长 4.79%;利润总额 20.31 亿元,同比增长 1.35%。

2019 年,乐器行业坚持科技赋能、品牌造势、标准为基、会展助力、产业链融合、人才支撑等多元发展举措,积极应对国内外乐器消费需求和生产要素重大变化。2019 年,乐器行业电商网购消费人群总量达到近 4 亿,产业拥抱数字经济、智能化转型前景可期。

近年来,民族乐器产业在民乐产品品质、品种、品牌、生产自动化、文化推广、网络销售及社会化音乐教育推广等方面所做的努力和成果初步显现。而随着新媒体时代的来临,互联网、人

工智能、多媒体信息处理、云计算等信息技术的快速发展，也给民族乐器和相关平台的后续发展提供了坚定稳固的技术支撑。

2.2 可行性分析

1. 市场可行性

据查询，在目前的中国民族音乐配置的市场之中，余音微课是全国最大的空灵鼓在线教育与社交平台。余音在市场上体现出独特的新颖性、吸引性。同时，余音对于市场环境的适应能力较强，发展形势较好。当前团队的开发技术已经成熟，开发音乐软件需要的技术得到了保证。

2. 经济可行性

经济可行性是指使用资源的可能性，资源包括人力资源、自然资源和资金条件。本团队的人力资源可以充分利用，各司其职。

3 项目设计（创意）

3.1 产品形态设计

根据用户需求，余音团队打造了含有专利的空灵鼓，针对不同场景打造不同的鼓，并且打造了高端产品系列，即时鸣春涧系列和金莳凰绘系列，如图7-4、图7-5所示。

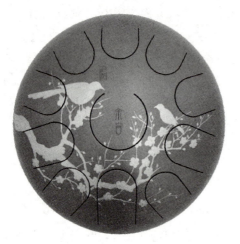
图7-4 时鸣春涧系列

图7-5 金莳凰绘系列

周边文创产品主要以锦绣绸缎鼓槌包、粉琢丝楠流光槌、莲花谱架为主。本团队设计的文创产品不仅仅比其他品牌产品更加细致，而且具有浓厚的民族特色，深受消费者的喜爱，如图7-6至图7-8所示。

图 7-6　锦绣绸缎鼓槌包

图 7-7　莲花谱架　　　　　　　　图 7-8　粉琢丝楠流光槌

3.2　经营模式设计

本项目通过内容库打造教学、学习、交流平台，通过向粉丝销售空灵鼓和衍生品获得收益。项目重点打造网红内容矩阵，在平台中提供"学""练""玩"的服务；同时开展线下余音角，进行线下吸粉和产品推广销售。

3.3　组织机制设计

完善的组织机制，是动员和挖掘内部人力、物力资源的重要手段。本团队的组织机制采取类似于金字塔形的组织结构。人员分为管理层、平台运作、技术骨干、云端员工四大类；并且采取 CEO 负责制，下面设有人事部、技术部、市场部、信息部、财务部五大部门。各部门总监在征得 CEO 同意后可临时征调其他部门员工参与该部门的工作。项目团队还在平台上发掘拥有仿真技术专长或拥有技术进步潜力的人才。

3.4　财务管理设计

（1）项目收入概述。

余音微店通过售卖空灵鼓、高端定制空灵鼓、空灵鼓配套工具，例如鼓架、空灵鼓背包以及各种各样有利于空灵鼓演奏的辅助物件以实现盈利。余音的微店营业 10 个月，售出空灵鼓及其周边产品一共8000余件,总营业额达170万元,净利润为59万元。

(2)融资计划。

余音项目目前主要通过股权转让、增资扩股等方式定向引入特定投资者,增强团队的资本实力,实现团队的发展战略和行业资源的整合。目前团队计划利用12%的股份获得融资216万元人民币,融资所获的资金主要用于内容开发、精品课程打造、平台搭建、网红IP打造。目前,已与北京知投基金管理有限公司、云南联金资产管理有限公司、杭州玲珑石股权投资合伙企业(有限公司)达成初步合作意向。

3.5 风险控制设计

1. 行业环境风险

从行业层面看,余音面临的风险主要是竞争风险。中国现有的线上线下乐器教育机构众多,大多数线下平台拥有一定数量且稳定的客户资源,市场竞争激烈。

为了应对风险,余音平台主打民族乐器空灵鼓,目前空灵鼓教学的市场还较为空缺。所以,本项目以空灵鼓作为市场切入点,一步步发展并且壮大,当客流量达到一定水平后再向其他民乐器延伸。本项目将不断更新数据库,提升平台技术,在后续平台设计上继续优化。项目团队通过抖音和B站两大主要自媒体,以视频的形式向社会宣传空灵鼓,不仅在线上提供优质教学视频,而且还录制直播视频授课,与线下音乐角结合。本项目针对用户的需求情况进行大数据分析,提供个性化服务,增强客户黏性。

2. 决策风险

在余音起步阶段,余音项目团队面临平台进入市场时间、如何扩大受众面及开拓市场的决策风险。

为了应对风险余音紧跟当下新媒体技术潮流趋势,在2020年底全面进入市场,建立健全自己的线上数据整合平台,选择"全面体验式"战略进行高校体验宣传。

3. 人力资源风险

项目起步阶段,市场环境不成熟,客户不稳定,营销团队以及团队其他内部人员容易失去对项目经营的信心。

为了应对风险,余音项目团队建立、完善了营销团队以及其他内部人员相应的激励政策,对营销团队及其他内部人员实行对应的福利政策,提高营销团队的忠诚度,确保营销团队对业务保持激情。

3.6 其他

目前,现存的民族乐器行业不能满足民族器乐发展的需求,本团队开发的余音平台走在行业前端,填补了空灵鼓市场需求的空白。

当前空灵鼓在线教育市场空白,导致许多空灵鼓爱好者没有学习资料,学而不精,我们团队开发的平台较为系统化、精品化,为空灵鼓学习者提供了学习的途径。

4 项目建设

4.1 组织机构建设

CEO 网红路线是本团队组织建设的一大特色。团队 CEO 从小对民族乐器充满兴趣,而且自学了多种民族乐器,酷爱空灵鼓。打造网红 IP 吸引客户流是本团队主要引流手段。我们将吸纳部分忠实粉丝成为我们的"云端员工",我们将抽取 10% 的盈利来激励和回报"云端员工",并将忠实粉丝留住,发掘更多的技术潜力人员。实行培训、开展会议对团队的组织机构建设也有着举足轻重的作用,因此需要部门专业人员对各部门人员进行辅助指导。

4.2 技术支持建设

项目平台采用基于用户和基于内容的不同分类推荐方法,为用户推荐适合的内容。对于空灵鼓从业者,本项目平台为其提供了丰富的工作资源和交流机会;对于空灵鼓爱好者,本项目平台为其提供了学习资料;对于除空灵鼓以外的音乐爱好者,本项目平台提供了教学资源,根据用户的需求进行分类管理;对于零基础空灵鼓试玩者,本项目平台提供了针对性的学习资料以及模拟游戏的课程体系让他们成为余音的忠实用户。

4.3 商业运作建设

通过抖音和哔哩哔哩平台(简称 B 站)传播空灵鼓的演奏视频,让更多人对空灵鼓产生兴趣,同时用户通过观看短视频,能够轻松了解掌握演奏技巧。本项目平台采用"学+玩"模式,打破了传统格局,结合社群运营思路让用户在学习后,把空灵鼓真正地玩起来,使得音乐融入人们生活。

本项目已搭建了国内较大的空灵鼓在线教育与社交平台,针对用户进行个性化定制服务,从而适应市场需求和客户需求。

项目微店通过销售空灵鼓及其周边文创产品实现营利,目前销售超过 8000 条件,营业额累计超过 170 万元。

4.4 网络营销建设

通过余音微店,团队直接面向个体客户销售,同时通过对线上社群问卷调查的方式或者与顾客面对面交流等方式发现本产品的不足,并及时维护、升级余音产品。

5 项目运行与维护

5.1 运行与维护过程

用户可以通过网上余音平台和线下活动参与享受各种服务。每月用户可以参与评比最佳空灵鼓学习者、最佳空灵鼓新人、最佳空灵鼓工作者等,平台对上榜者给予一定的奖励,从而提高用户的积极性。

采用不同种类的用户划分,将不同的内容推荐给不同用户。多种推荐方式相辅相成、共同构成平台的推荐系统,大大提高了用户黏性。

1. 评选机制

对于最佳空灵鼓学习者,平台采取在使用时长超过 120 小时的用户里进行用户时长排序及观看视频数量排序,根据公式推算出高分者,取前 3%。

对于最佳空灵鼓新人,平台采取在使用时长低于 48 小时的用户里进行用户时长排序观看视频数量排序,根据公式推算出最高分者,取前 3%。

对于最佳空灵鼓工作者,平台根据在平台已修完课程并且找到工作的用户情况,在其中进行选择。

2. 基于用户的推荐

将用户按照不同的年龄进行划分,提取出该类用户共同喜爱的教学视频,进行推荐。

3. 基于内容的推荐

对于单个用户平台根据其喜欢的视频对用户进行分类,不同类型的用户推荐不同的课程。

5.2 运行与维护效果

1. 市场影响

我们的主要盈利点来自空灵鼓以及空灵鼓周边文创产品的销售。目前平台的空灵鼓已销售 8000 余件,覆盖 14 个省和自治区,销售额达到 174.9 万元。项目平台开拓了空灵鼓"教、学、售"一体的商业模式,而且抢占了市场的先机,所以本团队有信心将余音模式运营下去。

2. 运营业绩

目前本项目平台已经拥有 300 万的浏览量,注册用户数量超过 1 万。用户增长数量呈现稳定态势,日均浏览量达到 3.1 万次,日均访客数 2400 人,见图 7-9。

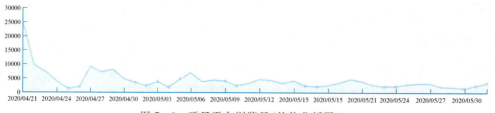

图 7-9 项目平台浏览量(趋势分析图)

3. 社会和经济效益

余音平台在当今快节奏的生活状态下能为用户提供一个专门的学习平台,通过乐器的学习能帮助用户调节心理,释放压力。

除此之外,余音团队还与茶馆、瑜伽馆等企业合作,促进完成学业的平台学员到适合的场所就业,见图 7-10。

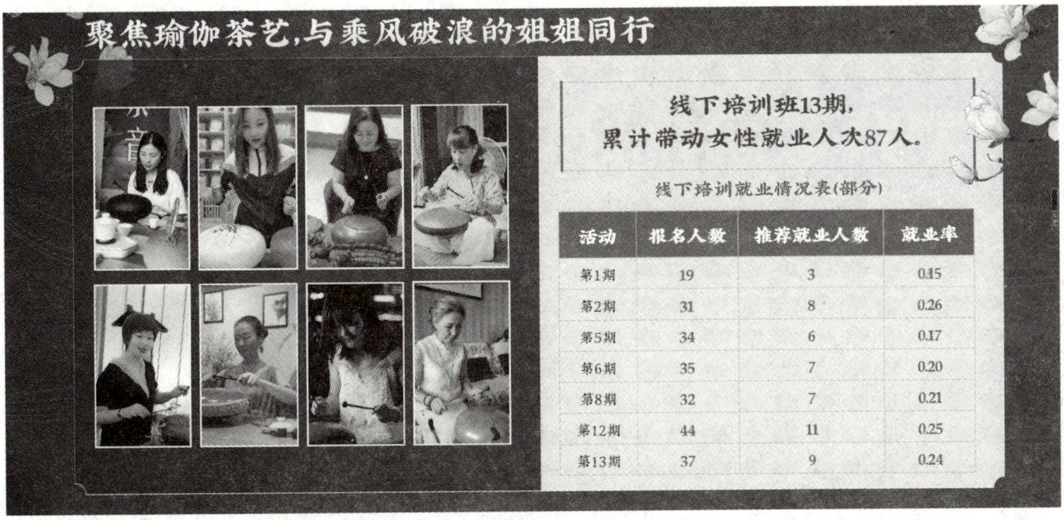

活动	报名人数	推荐就业人数	就业率
第1期	19	3	0.15
第2期	31	8	0.26
第5期	34	6	0.17
第6期	35	7	0.20
第8期	32	7	0.21
第12期	44	11	0.25
第13期	37	9	0.24

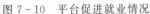

图 7-10 平台促进就业情况

6.1 指导老师点评

团队成员都是爱好民族乐器的玩家,又是计算机专业的大学生,因为热爱民族音乐、喜爱演奏直播,最终与在线教学走到了一起。项目很好地结合了专业学习和业余爱好,坚定不移地发扬文化自信,以推广传统民族音乐为宗旨,有较好的社会价值。项目立足行业示范、用好自媒体平台引流,在民族音乐乐器电商领域崭露头角,是一个很好的专创融合项目。

6.2 专家评析

从“三创”(创意、创新、创业)的角度去评价分析,可以发现该方案具有以下特点:

(1)创意:通过用户画像分析及用户反馈,制订了递阶式、闯关式学习课程体系。简化中国古曲,创作简洁的乐谱,通过易懂的教学形成独家线上曲谱矩阵。

(2)创新:以技术型、专业型为导向,创建产学研一体的平台,从平台引流、平台研讨到平台教学都能在网站上实现,构成“引、学、练、玩、买、用”商业闭环。使三者得以互相促进,互相辅助。

(3)创业:余音微店通过高端定制空灵鼓、售卖空灵鼓、空灵鼓配套的工具,如鼓架、空灵鼓背包以及各种各样有利于空灵鼓演奏的辅助小物件以实现盈利,并及时维护和升级团队研发的产品。

该设计方案中还存在着一些问题,主要是:财务预算设计方面还不够完善,对商业竞争存在的各种风险认识不足,缺乏必要的防范措施等。

评阅人:汤兵勇(东华大学教授、博导,教育部高校电子商务教学指导委员会数字资源专家组组长,滇西应用技术大学数字商务研究院院长)

案例八　向往的土家

获奖情况：第十届"三创赛"一等奖
参赛团队：湖北经济学院 向往的土家
参赛组长：陈　好
参赛队员：张碧莲　李　滔　马　晓　许　薇
指导教师：毛志斌　安光倩　龙艳平（企业）
关键词：农村精品电商　土家特色　社区团购　网络特色营销

摘要：湖北向往的土家电子商务有限公司（筹）是一家从事土家农特产品及手工艺品的全渠道品牌营销的精品电商企业。公司积极发挥农村电商在乡村振兴和脱贫攻坚中的推动作用，以"挖掘土家匠人资源、传播土家匠心故事、创新土家匠品品牌"为宗旨，深耕土家农特产品及手工艺品供应链，逐步搭建起高效的互联网营销新模式，提高企业营利能力，树立垂直细分领域壁垒，实现企业长期健康发展。

1　项目简介

1.1　项目社会经济意义

目前，电商扶贫、电商助农、非遗传承、匠人保护、少数民族的脱贫致富都是国家重点关注的领域。本项目积极发挥农村电商在乡村振兴和脱贫致富中的推手作用，扎根恩施土家族，深耕土家族农特产品、手工艺品，保护非遗文化，传承匠人精神，讲好土家故事，运用现代化网络营销新模式，将藏在恩施大山里的珍品送往市场，满足消费者需求的同时，助力恩施土家族的发展。

1.2　项目目标与近期效果

根据项目的发展情况和现实需求及走向，项目团队制定了分步走的战略目标，基本分为初步战略目标（整合资源，打开销路）、发展战略（建设品牌，实行特色营销）和未来展望（打造行业生态，推向全面发展），随着发展的深入和市场的变化，项目将积极调整发展战略目标。

本项目近期达成了以下效果：项目团队充分利用团队前期调研成果，与当地多家单位展开合作，抓住市场需求，建立了以淘宝店和微店为主的土家族特色产品售卖店铺群，针对以湖北省高校师生为代表的追求绿色健康高品质生活的消费群体，为消费者提供了优质的产品、健康的生活、安心的体验。在帮助当地农产品打开销路的同时，也打开了以土家腊肉为代表的优秀产品口碑，并积累了一定的粉丝，促进了农民增收，赢得了市场口碑，实现了公司的初步目标，为项目的深入发展奠定了坚实的基础。当前项目进入发展的第二阶段，聚焦土家族农特产品，专注土家族农特产品的售卖，同时建立长线品类的生产商和品牌商，通过微视频、直播等方式向大众展示土家族特色农产品、自然朴实的生活日常、产品的文化内涵、恩施的自然景色等，将深藏在大山的特色资源打造成具有"匠人、匠心、匠品"的产品与服务。本项目在线上售卖产品的同时,还致力于打造文化品牌、匠人品牌、非遗品牌,包括但不局限于培养土家匠人、非遗传承人、手工艺人团队,进行多店铺、多平台运营,在现有的微店和淘宝店的基础上,开设天猫官方旗舰店,招募线上经销商,整合资源,制订完整的市场加盟计划,开通分销渠道,聚焦目标群体和市场进行全渠道布局;还将打造线下土家族综合体验区,让顾客真实地走进恩施土家,了解土家,体验土家;打造线上、线下相结合,集购、娱、旅、创为一体的全方位土家特色产品服务线。

1.3 项目主要内容

本项目聚焦土家精品农特产品的细分类目,计划成为长线品类的生产商与品牌商,通过不断优化自有供应链,最终整合上下游完成产业生态商业化;致力于垂直领域农产品品牌传播、在线营销及供应链服务,促进鄂西南土家族地区的农业产业化,拉动地区经济增长。

1.4 项目技术路线

本项目依托既有生产基地,前端搭建自有供应链;中间环节优化产品加工,提升产品包装质量与美感,赋予产品浓厚的文化艺术气息;下游完善销售渠道,与合作伙伴优速快递达成合作,建立社区服务站、前置仓等,保障产品流通环节的完整与高效运作,满足消费者的需求。

1.5 项目特色

本项目为消费者提供优质产品的同时,建立了多品牌、全渠道营销体系,向社会讲述土家故事、传承非遗文化、弘扬匠人精神,并以长视频、短视频、直播的方式向消费者展示土家的自然风光、节日风俗、产品制作、生活场景等真实情况。同时,通过与恩施当地景区、民宿以及物流企业开展合作,建立了社区体验店、前置仓的现代化物流体系,使项目能够提供购、文、娱、体一体的全方位服务。

2 项目分析

2.1 市场需求分析

随着我国经济社会的快速发展,人们的生活水平不断提高,市场消费也在悄然发生着变化:绿色有机、文化消费、品质生活等特色化、差异化消费市场蓬勃发展,广受社会消费者青睐。有关数据显示,2017年农村网络零售额达到12448.8亿元,同比增长39.1%。2018年全年农村网络零售额达到13700亿元,2019年全年农村网络零售额达到17000亿元。文化产业市场规模增速为12.28%,文化产业实现增加值38737亿元。2019年我国规模以上文化及相关产业企业营业收入86624亿元,同比增长7.0%,产业增加值达到43700亿元。我国现阶段优质高端农特产品依然处于供不应求的局面,随着经济社会的发展,人们的消费意识逐渐向着绿色有机、无污染的精品方向发展,未来这一思想将成为社会主流。近年来,中国特色农产品博览会和各地举办的农产品推介交流会广受社会关注,绿色健康的农特产品市场需求广阔,高端优质的农特产品市场潜力巨大。

2.2 市场定位分析

基于本项目建立的湖北向往的土家电子商务有限公司(筹)是一家从事土家农特产品及手工艺品全渠道品牌营销的电商企业,以讲好土家故事,传承匠人技艺,弘扬非遗精神,打造匠心、匠品为营销策略,构建线上销售恩施土家族农特产品、特色文创产品售卖,以及非遗、土家族文化、产品的交流线下土家族体验、旅游为一体的"社区＋电商"模式,为客户群体提供关于土家族全渠道、特色化服务。本公司专注土家族精品农特产品领域,为顾客群体提供土家族富有地域特色的农产品,工艺水平独特的手工艺品,文化气息浓厚的文创产品,同时,向社会推介土家文化,非遗精神,并打造土家线下体验板块,提供交流社区,打造集线上线下一体,综合文、购、娱的全方位土家族平台体系,为品质生活追求者、农特精品需求者、民族文化爱好者、非遗传承关注者及社会各界提供全渠道、特色化的土家产品及服务。

2.3 可行性分析

1. SWOT 分析

本项目的 SWOT 分析如表 8-1 所示。

表 8-1 SWOT 分析

	外部因素	
	优势（strengths）	劣势（weaknesses）
	1. 有稳定的供货商 2. 农产品直供,价格优势 3. 成本较低,市场广阔 4. 产品特色鲜明,灵活性强,贴合社会需求,深度广 5. 线上与线下结合,提供多种服务	1. 农产品波动大,产品供应受环境影响大 2. 文创产品打磨周期长,成本高,有一定风险 3. 店铺流量低,营销投入大 4. 打造文化、特色品牌困难
机会（opportunities）	SO	WO
1. 国家和地方各级政府政策支持 2. 农村电商发展迅速,物流等基础设施比较完善 3. 恩施土家族地区产品质量高,但缺乏资源整合 4. 市场需求大	1. 前期团队做了大量的走访调研工作,有一定基础 2. 顾客群体需求旺盛,市场广阔 3. 产品定位准确,抓住市场缺口	1. 打造特色产品,丰富产品种类,保证产品多样性 2. 讲好土家故事,塑造良好的品牌形象,打造粉丝社群 3. 开展多种文创产品形式,降低成本,提高知名度
风险（threats）	ST	WT
1. 竞争压力大 2. 现金流大 3. 客户的信任与隐私	1. 巩固合作关系,建立全面供应链体系,提供一站式服务 2. 助力当地扶贫,提高当地认可度,维护伙伴关系 3. 大力宣传土家文化、非遗文化,传承和发扬匠人、匠心精神	1. 提高服务质量,保证服务品质,建立全面的服务机制 2. 建立社群,了解消费者心理,紧跟市场走向

2. 目标人群

针对消费市场观念的变化,通过对已有客户的精准定位与分析,结合市场走向及项目未来发展战略,项目团队总结归纳了主要目标客户人群,更好地进行选品和输送,让消费者体验消费升级下的便利与优质服务,通过严格挑选、用心挑选为消费者带来优质产品,满足其需求。

(1)品质生活追求者。

随着经济社会的发展,人们更加关注生活质量,绿色有机无公害产品深受市场青睐。品质生活追求者群体非常关注自身健康,他们对产品的要求严格,讲究效率,特别强调食材的新鲜、健康。通常这一群体居住于城镇,物流方便,他们有一定经济基础,愿意将钱用在提高生活质量方面。同时,他们接收信息面广,接受信息传播快,符合本项目的产品定位与营销方式定位。

(2)农特精品需求者。

消费模式不断升级的背景下,市场中出现了一批农特产品高消费严要求的群体。他们大多集中分布于高档小区,是精品商超的主要客户,他们崇尚产品的天然品质,对农产品的要求细致、严格,追求口感、营养成分及搭配。本项目采用产地直发和产品前置仓相结合的方法,与大道物流达成合作协议,通过完整强大的物流体系,将不同种类的农特精品快速、高效地送到客户手中,满足其需求,提升消费者的消费体验。

(3)民族文化爱好者。

民族文化市场一直比较广阔,有大量的民族文化爱好者。他们爱猎奇,喜尝试。土家族文化丰富多彩,特色产品种类多,符合民族文化爱好者的需求。这一群体热爱文化,愿意为自己的爱好付费,一旦建立情感纽带,对品牌将保持一定的忠诚度,成为粉丝群体,符合本项目的发展理念。

(4)非遗传承关注者。

随着国家的大力支持,我国的非遗传承工作取得较大成就,社会关注非遗的程度大大加深。土家族非遗项目众多,且具有重要的代表性。本项目关注恩施土家族非遗传承,为非遗传承关注者打造特色文创产品,将传统与现代结合,旨在为非遗传承关注者消费群体带来不一样的文创产品。

3. 市场潜力

本项目收益预算见表8-2。

表8-2 收益预算表 (单位:元)

	第一年	第二年	第三年	第四年	第五年
一、营业收入	219000	584000	1204500	5313500	11695000
减:营业成本	82200	164400	445600	786000	1581200
销售费用	457	1764	2980	4396	8584
管理费用	352	1765	2879	3974	9237
财务费用	176	1259	2345	3517	8982
资产减值损失	278	1054	2786	4453	10732

续表

	第一年	第二年	第三年	第四年	第五年
加：公允价值变动收益	0	0	0	0	0
投资收益	0	0	0	0	0
二、营业利润	4237	333958	4803110	7591860	9426965
加：营业外收入	0	0	0	0	0
减：营业外支出	0	0	0	0	0
三、利润总额	210098	73456	235065	439034	10800908
减：所得税费用	847	66792	960622	1518372	1885393
四、净利润	5390	57166	142488	4073488	1041572

2.4 其他（云计算与物联网的应用）

本项目利用大数据追踪技术精准识别消费群体从而实施精准营销，同时通过分析为消费者进行精准推送，帮助消费者自动筛选过滤，最大限度方便不同的消费人群。本项目自建产业链，通过合作、合并建立了规模化的产业体系，并与大道物流合作建立前置仓、社区体验店，拥有现代化的物流体系和方案，解决消费者最后一公里的问题。

3 项目设计（创意）

3.1 产品形态设计

本项目产品形态的相关设计见图8-1至图8-4。

图8-1 公司标志

图8-2 产品商标

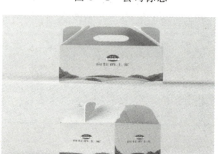

图8-3 产品包装样图

图8-4 文创系列产品

3.2 经营模式设计

本项目搭建了以淘宝店、微店及社区体验店为主的线上线下相结合的经营主体,打造多IP矩阵和搭建粉丝社群,以长视频、短视频、直播、软文等方式开展推广,在抖音、快手、微博、微信等多个渠道传递土家文化、讲好土家故事、提供优质产品,向消费者提供购、娱、文、体全方位的服务,使消费者真正走进向往的土家。

3.3 技术方案设计

本项目创建"购、文、娱、体"为一体的全方位土家服务平台,将线上线下结合,还原原味土家,带给消费者最真实的体验。

3.4 组织机制设计

本项目的组织设计为:公司首席执行官,负责规划公司发展,定时组织会议,各部门做好工作汇报;行政人事部协助总经理处理日常工作,负责全公司人力调动及档案管理;运营部门为本公司核心部门,下设产品运营、品牌运营、市场运营、用户运营、商务运营、内容运营等多个项目组;产品部主要挑选上流优质土家货源,以保证产品自身品质;此外,公司设有设计部、财务部配合运营部完成日常工作,保障公司长远发展。

3.5 财务管理设计

本项目的成本表、资金来源表、营业利润表见表 8-3 至表 8-5。

表 8-3 成本表 (单位:元)

项目		时间				
		第一年	第二年	第三年	第四年	第五年
日常运营及管理		6700	14500	47800	130000	520300
营销推广	线上推广	83	32000	86700	340000	585200
	线下推广	9090	36700	58220	220755	423650
品牌经营		40000	50000	50000	50000	50000
产品生产加工		80000	100000	100000	100000	100000
员工薪资		17520	46720	96360	425080	935600
流动资金		5200	14000	18000	23000	47000
合计		166810	293920	457080	1738835	3111750

表 8-4 资金来源表

资金来源	金额/万元
成员自筹	10
申报国家级大学生创新创业实践计划	1
校级大学生创业项目奖补	2
申请湖北省创业投资引导基金	10

表 8-5 营业利润表

时间	市场	转化率/%	利润/元
第一年	中高端社区部分网络用户	18%	21000
第二年	中高端社区部分网络用户	22%	73000
第三年	全网用户	27%	235000
第四年	全网用户	27%	438000
第五年	全网用户	30%	1080000

3.6 风险控制设计

1. 技术风险

产品货源、物流体系、网店建设、产品设计等关系到项目的未来发展。本项目依托既有生产基地,在前端搭建了自有供应链,中间环节优化产品加工,提升了产品包装的质量与美观度,赋予了产品浓厚的文化艺术气息;下游完善销售渠道,与优质快递企业达成合作,建立社区服务站、前置仓等,保障产品流通环节的完整与高效运作,满足消费者的需求。

2. 市场风险

现阶段农村电商发展火热,同行业竞争激烈,目前公司步入发展战略的关键时期,资金投入较大,粉丝吸引能力不够强,短时间内无法实现巨大的经济效益,导致本项目在与同行业竞争中处于相对被动地位,所以我们根据市场并结合自身发展情况,制定了"三步走"的战略,并紧跟市场动向,以便使计划得以顺利进行。

3. 财务风险

平台的正常运作需要充裕的资金,其中财务管理尤为重要。对财务风险的控制策略在于规范管理,提高人员财务素质。

4. 人事管理风险

关键人员的流动会给公司带来较大的负面影响。人事管理风险的控制策略主要以团队所在学校的电商实验室为依托,建立人才管理机制和薪酬机制,提高员工的忠诚度,创造良好而独特的企业文化。

5. 经营风险

农村电商发展迅速,公司聚焦恩施土家族特色,紧跟市场行情和行业动态,借鉴成功的网络平台经营经验,建立严格的产品质量把关系统,坚持共赢理念,保证客户利益,推动可持续发展。

3.7 其他(与同类项目的差异化分析)

1. 农特产品竞争者

农特产品竞争者分析见表8-6。

表8-6 农特产品竞争者分析表

竞争者	优势	劣势
湖北恩施富硒特产1号店	专注恩施富硒产品,产品质量好,价值高,符合市场需求	专业度不高,产品局限于初级产品,引流量少,吸引力差
土家柒彩农特产品旗舰店(天猫平台)	平台好,产品质量优质	粉丝流量少,营销模式不突出
果园老农旗舰店(京东平台)	产品质量优质,服务体系完整,人才丰富且专业性强,粉丝流量高,物流快	产品种类相对较少,集中坚果和果干类产品,局限性大

2. 文创产品竞争者

文创产品竞争者分析见表8-7。

表8-7 文创产品竞争者分析表

竞争者	优势	劣势
到屋坐土家文创	文创产品质量高,精品多	起步晚,价格高
来凤土家乡味特产店	直播、视频营销,吸引力强,产品种类多,有一定受众	处于转型期,发展相对疲软,产品集中于初加工,文创产品数量少
食在土家	十年老店,产品质量高	营销手段陈旧,未能紧跟市场,文创产品相对层次低

3. 服务竞争者

服务竞争者分析见表8-8。

表8-8 服务竞争者分析表

竞争者	优势	劣势
土家嫂	企业成立早,市场有一定占有率,合作伙伴较多	线上营销不足,线上空白板块多,竞争力不足
土家山寨	依托线下土家山寨,打造土家文化旅游体验区,产业较完善	主力在于旅游,线上竞争力不足

4 项目建设(创业)

4.1 组织机构建设

本项目成员拥有专业的知识,同时有扎根鄂西南土家族地区的丰富经历;同时依托学校的人才输送,将专业知识与人文情怀结合,赋予本项目建设新的内核。作为一家从事土家农特产品及手工艺品全渠道品牌营销的电商企业,项目企业拥有专业的自主团队,同时与当地合作,突破成员局限,多方位把控产品质量,发扬工匠精神。项目整合了相关资源,建立了完善的宣传营销体系。

4.2 技术支持建设

在设计方面,本项目拥有专门设计团队,负责产品包装设计和文创产品设计;在营销方面,本项目由专业人员打造多个土家文化特色IP,构建产品的独特竞争力,创造一批社会效益和经济效益俱佳的自有文化品牌。本项目与大道物流等多家公司达成合作,建立了现代化物流体系,并且逐步搭建社区体验店,解决了消费者最后一公里问题,实现了商流、信息流以及物流的控制与优化,用优质的服务与高质量的产品来满足消费者的需求。

4.3 商业运作建设

本项目的商业模式运作画布见图8-5。

关键活动	重要伙伴	核心资源	客户关系	客户细分
整合非标准资源	地方政府		消费服务关系 合作关系	
设计与生产	地方企业基地		供应关系	品质生活追求者
品牌运营	非遗传承人	土家特色农业资源	渠道通路	农特精品需求者
网店运营	社区服务站		微店平台	民族文化爱好者
社区店运营	价值主张	土家特色工节与匠人	淘宝平台	非遗传承关注者
网络销售	挖掘土家匠人资源	土家族人文社区	网络社群	周边文旅消费者
	传播土家匠心故事		景区民宿	
	创新土家匠品品牌		社区体验店	
成本结构			收入来源	
采购/生产/包装/运营/物流/仓储			产品收费/服务收费/内容收费/广告收费	

图8-5 商业模式运作画布

4.4 网络营销建设

网络营销方面,本项目建立了多品牌的营销矩阵。线上店铺以淘宝、微店等为主,销售高质量产品,同时通过抖音、快手、微博等平台传播土家文化,向消费者介绍产品,开展线上活动,增加店铺的流量和顾客的忠实度,形成了良好的粉丝经济。本项目实行精准定位营销,为店铺引流,提升公司和产品的知名度。

4.5 其他(产学研合作等)

项目团队与湖北经济学院及其电商创业实验室、恩施当地政府共同搭建校企政三方合作,建立了长久伙伴关系,在人才培养、人才建设、扶贫攻坚等方面发挥了巨大作用。

5 项目运行与维护

5.1 运行与维护过程

本项目充分利用前期调研成果,初步整合了现有资源,创建了以土家腊肉为代表的优质产品,赢得了良好的口碑与反响。现阶段本项目聚焦土家农特产品,建立了特色营销矩阵,开展了文创产品设计,实现了良好发展。

5.2 运行与维护效果

1. 市场影响

在初步整合资源后,我们抓住湖北省高校师生为代表的追求绿色健康高品质生活的消费群体,创办了年货节等团购、预购活动,赢得了良好的市场效应。与此同时,项目团队打造了多个特色文化 IP,不断细化产品服务,提高细分产品的市场占有率,占领主跑道,实现项目发展战略。在电商渠道占有较高份额后,本项目将通过交易股份等方式获得投资,引入资金,并进行上下游的资源整合,拓展业务范围,整合市场资源,助力鄂西南土家族农特产品生产及文化发展;打造规模产业,以获得更高的利润优势和更稳定的行业壁垒;深化农产品品牌传播、在线营销以及供应链服务。

2. 运营业绩

项目经营初期,特色土家农特产品年货节实现了近 30 万的销售额。项目团队将逐步打造更稳定的供应链体系,扩大产业规模,提高转化率。

3. 社会和经济效益

项目团队积极响应中央发展农村电商的号召,聚焦土家精品农特产品,整合上下游资源,完成产业生态商业化,打造特色文化品牌,推出土家精品农特产,促进鄂西南土家族地区的农业产业化、现代化,拉动地区经济增长,满足当下消费者的绿色高质的产品需求与特色文化需求。同时,项目团队始终秉持初心,积极承担社会责任,助力恩施扶贫攻坚事业,并保护、传播土家文化,传承工匠精神,拉动当地旅游业发展,帮助当地实现多方位发展。

6 分析与评价

6.1 指导老师点评

"向往的土家"项目在本地化服务及土家农特产品细分类目上发力,充分结合团队的实践资源深耕垂直电商品类,有效避免了宽泛的市场竞争,形成了较为成熟的细分产业链,具有创新性。商业模式也具备良好的可持续性,特别是从农产品到相关精品土特产、文创文旅服务等,具有延展与想象空间。

团队在搭建自有供应链及供应商的过程中,深度调研了恩施、荆州、五峰等多个湖北省地州市,为项目的生产和品牌电商化打下了坚实的基础;在与当地政府、企业及民众建立合作伙伴关系上,也有着较好的创业实践意义。

学生团队在操盘多IP、多店铺、多品牌运营的过程中,大胆探索,运用了网红经济、直播带货、社区团购等营销方式。面对疫情期间的线上比赛路演,学生们通过统一的着装、电商直播间的设置以及生动的图文视频素材进行了展示,团队配合流畅,形象地展示了项目电商营销的风貌与成效。

6.2 专家评析

从"三创"(创意、创新、创业)的角度去评价分析,可以发现该方案具有以下特点:

(1)创意:搭建了以淘宝、微店及社区体验店为主的线上线下相结合的经营主体,打造多IP矩阵和搭建粉丝社群,全渠道传递土家文化、讲好土家故事、提供优质产品,让消费者真正走进向往的土家。

(2)创新:打造集线上线下一体,综合文、购、娱的全方位土家族平台体系,为社会各界提供全渠道、特色化的土家产品及服务。

(3)创业:作为一家从事土家农特产品及手工艺品的全渠道品牌营销的精品电商企业,拥有专业的自主团队,同时与当地合作,保证产品质量。公司整合相关资源,建立了完善的宣传、营销体系。

该设计方案中还存在着一些问题,主要是:对商业竞争存在的各种风险认识不足,财务预算设计方面还不够完善,缺乏必要的防范措施等。但是相信同学们会在市场运作实践中总结经验,克服不足,在电子商务创业道路上不断成长。

评阅人:汤兵勇(东华大学教授、博导,教育部高校电子商务教学指导委员会数字资源专家组组长,滇西应用技术大学数字商务研究院院长)

案例九 基于策展市场的社区化校园管理平台

获奖情况:第十届"三创赛"一等奖
参赛团队:东南大学 链想家队
参赛组长:吴逸斌
参赛队员:覃倩琼 罗 雨 张晨阳 王毓天
指导教师:薛巍立
关键词:区块链 策展市场 社区化管理平台 学生质量溯源

摘要:本团队开发的校园管理平台是一个通过提供加密 token(令牌)奖励支持社区建设和社交互动的校园区块链社区。该社区将社交媒体、加密货币及校园生活等相结合,试图通过策展市场解决校园生活中的各类问题,激励高校学生参与任何社区、货币或自由市场经济的关键一环,设计出始终公平地反映每个人贡献度的会计制度。本项目的校园社区管理平台试图准确地、透明地为对社区作出主观贡献的人提供回报。区块链校园社区管理平台具有数据化、共享化、自由化的优势,针对校园痛点问题所推出的各平台功能都能为学生质量溯源分析做好数据准备,最终以能力图谱形式对接招聘部门得到变现。这种创新性的功能让本项目迅速入驻校园,成为区块链校园领域的开拓者。

1 项目简介

1.1 项目的社会经济意义

目前,大多数学生的个人发展情况缺乏官方统一的数据标准记录,个体无法通过信息相互匹配,更无法通过量化数据从客观记录的角度评判一个学生的优秀与否。而且,现在的学生终身信用体系不完整,导致学生无法自证大学经历的真实性和自身价值,无法便捷公平地享有应有的就业服务。本项目研发的平台通过搜集并分析学生的行为数据,不断更新生成能力图谱,不仅能帮助学校提升管理效率、提高学生对活动的参与度、针对性地培养学生能力,还能帮助学生与企业人力资源管理部门实现对接,达成良好的合作体系。

1.2 项目目标

本项目未来的目标是成为"区块链+校园"管理平台领域和策展用户教育行业的开拓者。目前,平台正朝以下几个方面稳步发展:
(1)初期:以激励机制和优质信息筛选机制构建学术讨论圈;
(2)中期:推进社区核心功能,将产品推向校园;
(3)后期:功能拆分系统进行租赁,推向多所高校及互联网企业。

1.3 项目主要内容

本项目所研究的校园社区管理平台是一个通过提供加密 token 奖励支持社区建设和社交互动的校园区块链社区,依托新兴的区块链技术,通过数据量化和共识机制有效解决了校园管理中的信息真实性、能力分析功能缺失等问题。校园社区独特的正反馈机制,使得社区服务于校园生活,校园生活又促进社区的发展,将 token 作为核心激励道具协助社区发展。

1.4 项目技术路线

本项目的区块链社区主要分为基础设施、区块链平台一级应用层,见图 9-1。基础设备采用阿里云平台;区块链平台则是基于现有开源区块链平台改进后建立的,同时为了进一步加强安全性,项目团队自行设计了共识机制体系,对加密算法及数字签名算法也采用了新型算法。应用层包括社区的一系列具体功能。

图 9-1 基于策展市场的校园管理平台

最后,项目团队利用学习分析技术,将用户在平台中的行为进行分析处理,并做出针对性的辅导,完成能力检测、能力分析、提升以及信息反馈的闭环,见图 9-2。

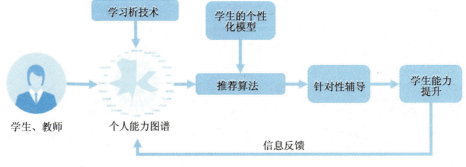

图 9-2 项目路径

1.5 项目特色

项目最大的特色是实现了区块链的管理效能,瞄准了国内尚不成熟的校园管理市场,用区块链技术进行可量化、高度共识、快捷高效的管理,以分布式监督的共识理念评判信息质量并奖励每一位有突出贡献的用户。通过形成主链和支链相结合的区块结构,对应校园中不同学院和机构的沟通交流,并将用户数据经过学习分析技术生成能力图谱以达到学生质量溯源的目的,最终在企业招聘中获得资金变现。

2 项目分析

2.1 市场需求分析

校园管理关系高校中每个人的生活,而其涉及的信息真实性和评价合理性问题一直难以得到有效解决。由于现在大多数校园管理考核主观因素太多且忽略了过程考核,所以急需区块链技术对用户信息进行多方面量化分析。

2.2 市场定位分析

本项目以区块链技术构建平台搜集数据,社区形成引流基础,策展驱动激励信息维护,再利用数据分析实现猎头对接,从而形成完整的商业逻辑。社区通过广告位出租等进行校内营利,通过企业招聘合作等进行校外营利,获得的收益将用于提供更好的社区服务。本项目的营销策略开始以教师资源圈为依托,由学术圈逐渐推广到企业和社会,最终使社会能够共享新型的社区服务。

2.3 可行性分析

1. 市场规模

据有关分析称,2019年中国区块链市场支出规模近3亿美元。到2022年末,市场支出规模预计达到14.2亿美元,投资前景良好。

本项目平台的就业推荐目前主要面向"985""211"院校学生。据有关数据显示,符合条件的毕业生每年数量约为90万,就业比例约为45%。成功推荐学生可向企业收费3000元/人,由此可以估算主要盈利模式的潜在市场规模约为12.15亿人民币。

2. 发展策略

(1)初期:通过"同兴趣聊天室"和优质信息筛选机制,以教师圈为中心构建学术讨论圈。
(2)中期:推进社区核心功能,将产品推向校园,逐渐实现规模效应。
(3)后期:进一步将平台功能拆分,将员工管理、社区交流等功能推向互联网企业及科研机构。

2.4 其他(区块链应用)

本项目平台中货币的价值来自共识与信任。激励学生参与社区交流、货币交换或自由市场经济的关键一环是要有一个始终公平、反映每个人贡献度的会计制度。本项目的校园社区管理平台试图准确、透明地为无数对社区作出主观贡献的人提供回报,通过共识算法合理地调整回报权重,并通过非对称密码体系进行隐私保护与数据共享。

3 项目设计

3.1 产品形态设计

本项目的校园社区管理平台将社交媒体、加密货币及校园生活等相结合,力图通过策展市场解决校园生活中的各类问题。

区块链校园社区管理平台具有数据化、共享化、自由化的优势,针对校园痛点问题所推出的优质信息筛选、多领域独立讨论、学生管理及考核、项目申报成本控制、二手书回收售卖、优质空间资源控制等功能,使项目平台更好地入驻校园,成为区块链校园领域的开拓者。

3.2 经营模式设计

本项目的区块链社区将基于应用场景的核心痛点开发功能,得到校园管理者对社区的认可,从而获得社区入驻许可。同时,在社区功能开发的过程中,项目团队还考虑到必要的盈利模式但又不违背社区建立的初衷,最终构建起了一体化、开放性的商业模式。

此外,项目团队计划与国内教育机构、高校建立合作关系,扩大平台影响力。我们的目标是成为"区块链+校园"平台领域和策展教育行业的开拓者,拥有一批忠实的客户。

3.3 技术方案设计

基于策展市场的社区化校园管理平台主要有六大机制,包括提供优质信息筛选、多领域学术空间、学生管理及考核、项目申报成本控制、学院资源调配及学院评比、优质空间资源控制、学生质量溯源、就业推荐等服务。

学校社区作为一个半公益性社区,盈利较少,而后续的企业管理市场以及与第三方机构合作市场是有较大的利润空间。

3.4 组织机制设计

由于处于初创期,项目团队采用扁平化的管理模式,由董事会把控整个项目的发展脉络,专家顾问团直接对董事会负责。项目的管理运营由总经理全权把控,协调落实技术中心、项目中心以及营销中心的工作,使整个团队高效运作。

3.5 财务管理设计

1. 项目投入总资金

由于项目前期技术难度不大,平台租赁、体制建设、运营维护投入金额较小,形成规模后收入可观,项目投入所有资金都由团队自筹。

2. 资金使用计划

本项目作为一个轻资产的互联网科技项目,平台机制采用外包的方式进行添加,而所有的技术开发、测试工作,以及平台的运行、维护,均在内部进行。

项目启动首年,团队计划自筹100万元主要用于技术开发与优化、平台的租赁、搭建、初步运营与日常维护。2020年为试运营阶段。具体投资计划如表9-1所示。

表 9-1 投资计划　　　　　　　　　　　　　　　　　　　　　　　　　（单元：万元）

项目	投资额度			
	2020 年	2021 年	2022 年	2023 年
系统维护与优化	1	5	50	200
区块链平台租赁	4	10×1=10	10×5=50	10×20=200
运营维护成本	0.4/月	7 万元/月	35 万元/月	0
研发成本	0.5	4	20	80
合计	10.3	103	540	480

3. 项目收入预算

前期项目的业务范围主要是校园社区。在此阶段，作为一个半公益性质的社区，平台的盈利目的并不强烈，主要通过广告位出租收益、二手书售卖收益、数字货币交易手续费、校方合作费、商家口碑费等形式营利。扩大规模后可实现较大盈利。

具体收入构成如表 9-2 所示。

表 9-2 收入构成　　　　　　　　　　　　　　　　　　　　　　　　　（单元：万元）

项目		2021 年	2022 年	2023 年
校园社区业务	餐饮位商家口碑费	16	90	—
	广告位出租	5	35	—
	校园二手书售卖	5	25	—
	数字货币交易手续费	0.01	0.05	—
	入驻费	0.5	5	—
	平台租赁收入	—	—	25/所
	企业招聘合作收入	3000×800×0.7=168	3000×1000×5×0.7=1050	3000×1000×20×0.7=4200
	合计	194.51	1205.05	4700

4. 全面预算

项目的全面预算见表 9-3。

表 9-3 全面预算　　　　　　　　　　　　　　　　　　　　　　　　　（单元：万元）

项目	2021 年	2022 年	2023 年
研发费用	4	20	80
收入预算	194.51	1205.05	4700
系统维护与优化	5	50	200
运营维护成本	7	35	—
区块链平台租赁	10×1=10	10×5=50	10×20=200
人力成本	5000×12×25=150	5000×12×50=300	5000×12×60=360
利润总额	18.51	750.05	3860

3.6 风险控制设计

1. 产品研发风险

产品技术研发创新是经营发展的关键,技术及产品开发是核心竞争要素,需要长期持续投入,包括产品升级迭代、基于市场和客户的需要而进行的创新型研发等。本项目的产品研发可能存在无法按进度完成,或无法达到市场预期等风险。如果不能及时跟踪技术的发展升级,或者不能及时将储备技术开发成为符合市场需求的新产品,本项目可能会在新一轮竞争中丧失优势。

对策:项目团队将保持灵活的市场需求反应体系,加大技术研发和产品开发的投入,不断推进平台升级;完善技术梯队建设,加强技术储备的深度和广度,加强对外交流,使团队的技术与研发能力迈上新台阶。

2. 市场风险

目前区块链平台行业发展迅速,新兴的经营业态不断出现,各类线上平台日益增多,行业结构和格局不断变化,竞争日趋激烈。项目如果在科技创新、产品服务等方面研发力度不足,不能及时满足市场需求,将导致项目在市场竞争中处于不利地位。

对策:平台创始团队会将中外研究经验及人脉资源充分应用于区块链平台的研发,通过产品技术的创新研发,寻求新的利润增长点;不断地自主研发和技术迭代,以保持项目成果在平台方面的技术优势;继续加大技术研发投入,抓住政策发展机遇,保持项目核心竞争力。同时,创始团队也会不断地加大人才储备,做好时刻保持技术先进性的准备。

3. 政策风险

区块链教育平台行业易受到行业政策和宏观环境的影响,由于平台对信息的真实性具有较高要求,若相应的法律法规无法协助区块链平台进行监管,将会影响平台信息处理业务的长期发展。

对策:密切关注产业政策和宏观环境变化,提高风险控制标准,选择优质核心企业进行合作,加强信息审核力度,对客户进行及时有效监控。

4. 管理风险

拥有稳定、高素质的人才队伍对团队的发展壮大至关重要,如果未来不能提供具有市场竞争力的激励机制,打造有利于人才长期发展的平台,将会影响到核心团队积极性、创造性的发挥,由此产生核心高管和技术人才流失的风险。

对策:团队将针对性地招聘优秀专业人才,特别是形成较为稳定的核心技术团队,坚持技术队伍建设和培养,构建具有竞争力的薪酬福利体系和激励体系,建立公平有序的竞争晋升机制和适当的员工约束机制;通过核心文化增强团队凝聚力,努力为团队发展提供保障。

5. 财务风险

随着项目的迅速成长,项目可能面临资金不足和风投撤资的风险。

对策：本项目可以使用普通措施和基于项目特点的措施来应对以上两种财务风险。其中，普通措施是向发起人增股，建立健全财务管理制度，加强内部管理机制。基于项目特点的措施是成立项目部，进行独立核算。具体地讲，项目团队将对接供应链金融平台，把平台开发合约进行质押，获得低融资成本的贷款。另外，本项目非常符合 2020 年 5 月教育部印发的《高等学校区块链技术创新行动计划》，项目团队将积极与各高校所在省市的教育、科技、人力资源管理等相关部门进行沟通，争取政府的资金补助或贴息贷款。

4　项目建设

4.1　组织机构建设

本项目团队采用无边界组织架构模式，这是一个组织扁平化的过程，将权力下放到基层，让对结果负责的人做决策；职位让位于能力，只要绩效突出，人人都能获得高报酬。在无边界组织中，各个层级之间是相互渗透的，员工能够最大限度地发挥各自的能力。在迅速变化的环境中，信息的层层传递会延迟决策的时间，使企业难以做出迅速的反应，从而丧失竞争能力。无边界组织将上层的权力充分授予下属，决策由直接对事实结果负责的员工做出，这不仅可以增加员工的参与度，也可以缩短从决策到执行的时间，提高了决策的准确性。

4.2　技术支持建设

本项目将保持灵活的市场需求反应体系，加大技术研发和产品开发的投入，不断推进平台升级；完善技术梯队建设，加强技术储备的深度和广度，加强对外交流，使团队的技术与研发能力迈上新台阶。

4.3　商业运作建设

基于应用场景的核心痛点开发专属功能，让应用场景愿意管理接受创建的社区，从而获得社区入驻许可，同时在社区功能开发的过程中考虑必要的盈利但又不违背社区建立的初衷，构建起一体化、开放性的商业模式。

在业务功能上，本项目主要考虑满足用户的日常需要，尽可能地运用 token 将整个社区激发成为用户自主价值开发、互相激励、互相维护的社交平台。

在合作方面，本项目采取双赢模式，使用户能认可 token 所带来的价值。项目平台将不断推出 token 的使用方法，让用户体验到获得收益的成就感。而商家收到用户消费时支付的 token，同时也是一个用户认可和推荐的过程，表面上商家并没有营利，但实际上可以使商家受到更多人的认可，从而在未来获得更大的收益。

4.4　网络营销建设

（1）项目团队希望打造国内首个区块链校园社区，同时不断推出新功能，预期将大面积占

领高校市场份额。当基于策展市场的高校社区管理平台成熟完备后,本项目将与国内多所高校达成长期战略合作;同时,也会将扩展目标客户,将平台的功能进行拆分,将一系列机制分别应用于多个领域。

(2)项目团队计划与互联网企业合作,以运用于高校的社区管理平台为模板,根据互联网企业的特点以及企业员工守则等,建立起一个互联网企业员工考核管理平台。除此之外,平台的功能拆分之后,其中的人员考核、资源调配等功能同样可以适用于科研机构;还可以基于token的投票机制设计大学校园排名、App内优质内容发现等。

(3)本项目社区平台将在巩固高校市场的基础上积极扩大应用领域,同时完善功能出租和运营服务工作,与各方建立长期合作共赢关系,在教育、管理领域实现目标客户多覆盖。

4.5 其他

(1)以教师资源圈为依托,团队首先走进学术社区,邀请各学校师生参与话题圈的建设,通过社区中特有的信息筛选和讨论功能扩大社区的影响力。

(2)待教师资源圈成功推广后,团队将联系各大高校,以核心功能为卖点解决学校的痛点问题,逐渐推广社区。

(3)待社区发展成熟后,开始对接第三方平台,例如超市、食堂等机构,以合作的方式增加token的使用渠道,并通过第三方机构积累口碑。

5 项目运行与维护

5.1 运行与维护过程

校园社区具有独特的正反馈机制,使得社区服务于校园生活,校园生活又可以促进社区的发展,也可以通过将token作为核心激励道具协助社区发展。

(1)token的获取:通过课堂签到、单向充值、话题讨论、学院发放等方式得到。

(2)token的增值:作为学生完成项目、提升自我的方式。

(3)token的用途:除了支持优质信息筛选、多领域独立讨论、学生管理及考核、项目申报成本控制、二手书回收售卖、优质空间资源控制等各大核心功能的完成,token还能用来换取音乐会、晚会门票,预订特定讲座的位置,代取快递支付费用等。

社区中每一个相关参与人评价学生的信息是否真实,通过投票成本形成token奖励池,并按最终投票结果分配token奖励从而让数据被写入区块。当搜集的用户信息积累达到一定量后,则可以顺利推进学生质量溯源功能。本团队利用学习分析技术,将不同专业的学生信息生成能力图谱,再进行针对性辅导,形成能力提升闭环,使信息搜集最终受益于用户本身。当学生准备求职时,平台可以利用图谱向企业提供学生背书,保证学生经历的真实性和能力的真实性。项目运行流程见图9-3。

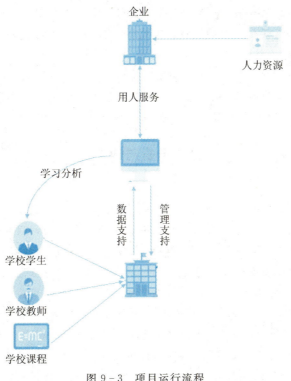

图 9-3 项目运行流程

5.2 运行与维护效果

1. 市场影响

现阶段区块链的总体市场规模较小,这是因为市场上的区块链项目多处于尝试阶段。但很多企业已经认识到了区块链的潜力,计划在未来增加预算。受此影响,中国区块链市场将迎来快速增长。

目前国内"互联网+校园"平台领域策展教育行业市场还未广泛开发,本项目在基于策展市场的校园社区管理平台领域在国内尚属首家,具备多重优势,有望先发制人占领市场,市场前景十分可观。

2. 运营业绩

项目团队在2020年租赁了小型平台,构建了"同兴趣聊天室"机制的小型讨论圈,设置相应机制进行试运营。计划2021年落地第一所大学,2022达到入驻学校五所,2023年以后可直接将社区租赁并将业务拓展到互联网企业,实现成本最小化,预计2023年将租赁20所以上高校。

3. 社会和经济效益

项目前期的主要目标市场是高校。本项目希望应对教育行业中的众多挑战,针对校园痛点问题推出优质信息筛选、多领域独立讨论、学生管理及考核、项目申报成本控制、二手书回收售卖、优质空间资源控制等功能,助力平台更好地入驻校园,成为区块链校园领域的开拓者,进而改变教育行业的经营模式。

项目后期计划将策展市场网络社区和基于加密货币的支付和清结算模式推广到疗养院、度假村、餐馆和酒吧等行业。当区块链社区发展到一定程度，可以将项目推向全社区，形成联系各个区块链社区的虚拟社会。

随着全球化进程的加快，基于加密货币的支付和清结算模式也将因为成本低、效率高、安全性强、竞争优势明显等优势，在一定程度上成为未来各行业支付的趋势，区块链社区也将成为推进该趋势变成现实的中坚力量。

6　分析与评价

6.1　指导老师点评

对于创意项目的选择，链想家队的成员很早就希望结合最新的区块链技术，最后他们选择了熟知的应用场景——校园管理。前面正确的方向为他们后续的项目打下了良好的铺垫。

在本次指导过程中，我发现了链想家队的优点与问题。优点在于能够大胆创新，结合区块链技术开发出切合校园痛点的业务功能，但在整体的商业逻辑与变现方面有所欠缺，项目硬技术薄弱也是一个很大的问题。但最后团队成员结合校友的技术资源很好地完成了该项任务。该创业计划书最大的亮点，是实现了区块链的管理效能，赋予数据所有权更高的价值，使得数据能被用于校园学生能力分析，从而达到能力提升的闭环。对于尚待开发的校园管理市场，项目小组的此次想法是颇具创新与实践意义的，他们尽可能地对标国外优秀案例，打造出了属于自己的商业模式。

通过这次比赛，团队与众多优秀的、充满想法和激情的队伍同台竞技，在取得了不错的成绩的同时，也从其他学校的优秀项目中学到了很多。相信不久后的未来，链想家团队能够将比赛中所展示的项目转化为现实，充分发挥区块链的管理效能，使东南大学成为区块链校园管理领域的佼佼者！

6.2　专家评析

这是一个典型的"区块链＋校园"项目。参赛团队提出的"基于策展市场的社区化校园管理平台"，通过搜集并分析学生的行为数据，更新后生成学生能力图谱。该项目一方面可以帮助学校提升管理效率、提高学生对活动的参与度、针对性培养学生能力，另一方面可以帮助学生与企业人力资源管理实现对接，达成良好的合作体系。项目计划以区块链技术构建平台搜集数据，通过社区推广引流，通过策展驱动激励信息维护，利用数据分析实现猎头对接，通过成功的就业推荐获得利润收入，形成了基本完整的商业逻辑。其中通过社区广告位出租等可以获得校内现金流，通过企业招聘合作等可以获得校外现金流，获得的收益可以用于提供更好的社区服务，并有望形成项目的良性循环。总体而言，项目将区块链技术运用于校园管理具有一定的创新性和显著的市场潜力，希望尽快实现孵化落地。

评阅人：张利（西安邮电大学教授、中国信息经济学会电子商务专业委员会常务理事、
　　　　　陕西省软科学学会常务理事、陕西省应急管理学会理事）

案例十 情系凤仙，桃香四溢

获奖情况：第十届"三创赛"一等奖
参赛团队：重庆师范大学 扬帆沧海
参赛组长：李 军
参赛队员：孙无敌 陈长玉 黄忠祥 朱 纳
指导教师：李 明 曾 蒸 罗 祯（企业）
关键词：晚桃 校、企、政三方合作 营销、文化、旅游一体化 新媒体 人工智能

摘要：针对重庆奉节县大树镇凤仙村的晚桃滞销、人才缺乏、旅游资源浪费等问题，本团队通过打造校、企、政三方合作商业模式，充分调用一切资源，在政府的大力支持下，在团队与指导老师的共同努力下，设计了一套有针对性的营销、文化、旅游一体化的项目方案；依托当今流行的新媒体，对晚桃进行了宣传与销售，发挥团队优势，利用人工智能技术，建立了智慧果园，最终成功地解决了晚桃滞销的问题。

1 项目简介

1.1 项目主要意义

本项目对大学生而言，是一个富有创意性和可行性较高的项目。团队成员结合自身所具备的专业知识，多次前往项目原产地进行考察，与当地企业进行沟通与合作，通过实地考察开拓市场完成了本项目。同时，本项目帮助奉节县依托晚桃宣传，进一步增强了影响力和知名度，并实际解决了晚桃常年滞销的状况。本项目通过对晚桃系列产品的开发，为当地创造了众多岗位，带动了当地居民的就业；同时，通过推广奉节县晚桃文化，促进了奉节县乡村旅游的发展，从而拉动了当地的经济增长。

1.2 项目主要内容

在本次项目中，团队打造了校、企、政三方合作的商业模式：村集体统一将农民的土地承包给企业，农民可以通过土地租赁获得相应的土地租金，到年底企业会根据总收入给农民进行分红；同时，农民可以到桃树种植基地参与工作，并获得一定的工作报酬，农户不用外出务工就可以在当地获得稳定的经济收入，有利于防止当地人才流失。本项目团队给企业带来了新的技术，例如VR和大数据技术。利用新兴技术可以及时获取准确的市场信息，帮助承包企业解决农产品滞销等问题，同时"技术＋电商"增加了消费体验，有利于吸引消费群体，在市场上占据一席之地。本项目团队通过新媒体宣传凤仙村晚桃，在抖音、微博均建立了官方账号，同时也联系了重庆当地电视台进行了大力宣传，努力打造当地品牌形象。同时项目团队也帮助企业

在原有的销售基础上增加了新的营销策略,例如:通过微博、微信小程序、抖音等平台进行营销,在线上和线下开设官方旗舰店,提升礼盒包装设计,提供个性化定制服务。

项目团队在项目中处于核心地位,助力企业营销。凤仙村的桃子能够在市场上畅销,也间接地帮助当地农户获取稳定的收入及相应分红。同时本项目也是响应国家"电商助农"的号召,帮助凤仙村实现脱贫攻坚任务。未来,项目团队还会将电商与旅游相结合,打造当地特色区域经济发展新模式,实现当地农户增收、创收。

1.4 项目技术路线

本项目拥有自主开发的小程序,可以进行线上销售;同时,结合人工智能技术,还协助当地农民打造智慧果园。在本项目中,项目团队利用VR虚拟技术,使用户可以真实感受到晚桃的生长;利用无人机提取晚桃图像,观测晚桃的生长状态;利用深度学习等技术打造图像识别算法,可以检测晚桃是否为正常状态。这些新技术的应用不仅可以减少农民损失,也节省了一部分人力。

1.5 项目特色

奉节县地处亚热带季风气候区,四季分明,气温适宜,年降水量充足,空气湿度适中,曾有气象专家评价,奉节湿度出奇,有难得的中等空气相对湿度。同时,当地光照充足、温差大的气候特点提升了奉节晚桃的质量。同时奉节因其所辖地区地势海拔不同,利用上限逆温层使得奉节果树不落果、无冻害,大大地保证了晚桃的产品质量和数量。晚桃的优良品质以及独有的市场发展前景为本项目提供了原料基础和市场基础。本项目的特色主要体现在新产品、新服务和新技术三个方面。

(1)新产品。在产品包装方面,项目团队进行了个性化的设计,主要分为简易包装和精品包装。在精品包装方面,为迎合消费者个性化、独特化的消费需求,满足不同消费群体的消费需求,项目推出了多种包装模式,有亲情系列、爱情系列、师生系列等。消费者可以通过线上与客服人员交流或者直接在网店选购套餐就可以参与定制过程。

(2)新服务。除了新产品方面的创新,本项目还在服务上进行了创新。在线上和线下,项目团队大力推广领养桃树活动。项目团队专门在凤仙晚桃种植基地划出"桃树领养区",大概有二百余株晚桃树,消费者可以根据兴趣偏好领养桃树,每个人、每个家庭,或者每个群体都可以有属于自己的桃树。桃树领养人可以对自己的桃树进行命名,并且还可以远程监测桃树的生长情况,桃园的工作人员还可以为桃树的主人提供果实刻字服务,桃树主人可以根据自己的需求对晚桃果实进行修饰。到桃子成熟季,桃树主人可以亲自到凤仙晚桃种植基地体验收获的乐趣。

(3)新技术。本项目还融合了先进的VR技术和大数据技术。基于领养桃树活动,桃树主人可以通过VR技术实现对桃树的远程监测和管理,使消费者不用到现场就可以有身临其境的感觉,实现随时随地的监控,提升体验感。基于消费者的消费数据,项目的专业团队对数据进行分析,并将晚桃配送到最需要的地方。精准的市场分析使晚桃的销售上了一个大台阶。

2 项目分析

2.1 市场需求分析

由图10-1和图10-2可知,奉节县的整体经济发展较好,正在平稳增长,居民收入每年都在增长,其中城镇的居民收入较高,为开展奉节晚桃的销售运输项目提供了良好的基础。

图10-1 奉节县2015—2019年地区生产总值及增速

图10-2 奉节县2015—2019年地区城乡居民收入及增速

2.2 产品市场定位

(1)前三年的项目市场及目标顾客群体。

本项目前期主要采取线上线下相结合的营销模式,主要是为了让用户在品尝美味晚桃的同时可以体验乡下游玩的乐趣,真正找到爱人间的甜蜜感、亲人间的依赖感、朋友间的默契感。目标人群主要集中在重庆地区的高校师生。

(2)后期产品的目标顾客群体。

后期产品的目标群体将逐步扩大,项目团队会持续对本项目进行开发拓展,包括晚桃饼、桃花酒、晚桃干、桃篮、桃主题民宿等;同时将晚桃营销与当地的旅游景点结合,开发具有当地特色的旅游产业。

2.3 可行性分析

1. 优势

随着人们生活水平的提升,水果成为人们追求健康生活的必需品,桃子作为新鲜水果的代表之一,一直受到青睐。

由于奉节县独特的地理位置,优越的自然条件造就了高质量、高水准的奉节晚桃产品,这是同行业产品所不具有的优势。同时,由于晚桃成熟的季节性原因,打造晚桃品牌可以有效弥补市场的空缺,推动晚桃的营销。

目前我国晚桃种植面积并不是很大,晚桃在刚刚进入市场时必然会受到消费者和商家的关注,这种关注就成为机遇,为晚桃销售市场提供极大的发展前景。

以往的水果销售方式比较单一,多为线下销售方式。线上销售的迅速发展,以及物流保鲜技术的提升,这些都使得鲜果产品在电商平台具有较大的发展潜力。奉节晚桃坚持打造"有形和无形""线下和线上"相结合的销售模式,融入最新技术开创新的销售渠道,使消费者不仅可以尝到新鲜质美的晚桃,也可以获得栽培种植桃树的参与感。独特的销售模式可以满足消费者个性化和差异化的消费需求,符合当今时代的发展趋势和消费潮流。

2. 劣势

目前,奉节晚桃种植面积相对较小,市场存在感相对较低,销售的时间也不长,总体经验相对欠缺。

我国各类电商平台还多集中在一线城市,农村电商的发展还存在着硬件不全、体系不完善等问题。鲜果农产品的销售对质量的要求一直是第一位的。由于农村基础设施建设原因,物流的可达性和时效性还存在较大问题,这在一定程度上影响了农产品的销售。

本项目一旦进入市场,面临的不仅是机遇,更是挑战。由于晚桃是反季节性水果,九月底十月初开始供应市场,很多人误认为反季水果是被激素或其他药物催熟的,吃了有害健康,也有人误认为反季水果在营养含量和口感方面远远不如应季水果,所以晚桃一开始很难得到消费者的信任。同时,本项目刚进入市场肯定会面临诸多同行业的竞争,晚桃不可能只有奉节才有,要想在未来市场上获得一席之地,必须在遵守市场规则的前提下,保证产品质量,创新营销方式。

3. 机会

在 2020 年两会政府工作报告中指出,坚决打赢脱贫攻坚战,着力抓好农业生产,拓展农民就业增收渠道。三农问题一直是党中央工作的重中之重,近年来政府出台了多项惠农、助农、扶农政策。同时国家有关部门和各地方政府也先后出台了各种政策措施,积极推动农村电商发展,并且从电商标准、物流配送、平台建设、品牌培养等方面指出了具有中国社会主义特色的发展新道路。总的来说,一系列政策法规的颁布给农村电商带来了新的活力,农村电商迎来了前所未有的良机。本项目就是将农产品与电商相结合,紧跟政策红利脚步,最大限度地帮助农民提高经济收入,用实际行动促进农村经济建设。

我国一直都是水果种植和水果消费大国,水果零售行业规模庞大,对 GDP 也有一定程度的贡献。随着我国经济的发展,居民生活水平的不断提升,人们对水果的支出将不断增加,有预测称未来我国水果行业市场规模仍将持续保持增长,到 2025 年达到 27460.1 亿元左右。从我国水果行业的现状来看,水果行业受到了政策和市场的双重保障,近年来无论是产量、消费量、市场规模都在持续增长,预计未来我国经济将保持持续良好的发展,而水果行业的供需同样保持良好的持续增长态势。

当今社会以快节奏和信息化为特点,人们在忙碌的同时鲜有时间去实体店购物,进而选择更加快捷的生活方式。相对于其他产品,线上购买水果产品成为一种潮流和趋势,人们在手机客户端或者小程序上就可以点击购买,快捷的配送完全可以满足人们的需求。奉节晚桃线上的营销模式,完全可以适应电商发展的趋势和潮流。

4. 威胁

近年来,农村电商发展普遍较快,但是受到物流运输影响,覆盖的产品类型并不健全,主要以传统的工业产品和土特产品为主,生鲜农产品发展速度相对较慢,而奉节晚桃的营销,在此大环境下也面临着威胁。

虽然近年来我国每年的水果交易额都呈不断上升趋势,但是不可否认的是增长的幅度在放缓,水果市场面临着饱和的状态。而如今很多厂商都在追求水果产品的质量,本项目产品质量的优势自然需要进一步提升。同时本项目也面临着诸多同行业的竞争。

虽然农产品在电商平台的销售很火爆,但是农民仍然处于产业链的底端,电商收入对农民的增收作用还比较有限。同时目前农产品附加值比较低,缺少深加工、品牌化的农产品,所以不管线上还是线下的销售都会遇到阻碍。农产品电商在运行和维护过程中,需要具有专业知识和技能的复合型人才。这些人才不单要具备一定的网络技术知识,还要熟悉农业生产,具有农产品销售的相关经验。而当前除了部分较大的农产品电商平台有一定的人员配备外,从事农产品线上销售的人员大多都是农业生产者。这些人虽然熟悉农业生产,但是缺乏相关的网络技能和知识。因此这些因素都制约了农产品电商的发展。

3 项目设计

3.1 产品设计

本项目围绕晚桃开发了认购晚桃树活动和一系列晚桃加工产品。用户可以以个人、情侣、家人等名义认购晚桃树,从晚桃开花到结果,用户都能参与其中,被邀请免费参加赏桃花、摘果实等活动;用户也可以要求在晚桃上印字,送给自己的恋人、朋友、家人,以此表达自己的感情。为了解决晚桃存放期短、销售产品单一等问题,项目团队推出了桃汁、桃饼和桃干等加工产品,为用户提供了更多的选择。

3.2 经营设计

奉节晚桃的产品可以划分为两种,一种是有形产品,一种是无形产品。有形产品的营销采用线上与线下结合的方式。

在线上,项目团队将在淘宝、拼多多等各大电商平台开设自己的网店,同时设计自有品牌微信小程序,以接受线上预订和产品购买。在微信、微博、抖音等社交媒体平台上,项目团队将大力宣传奉节晚桃的优势和特点,让更多的人了解和品尝到奉节晚桃。

在线下,项目团队将与各大超市、高校达成合作,使奉节成为晚桃新兴的供货产地。在品牌宣传得到一定的效果之后,项目团队将与一些奶茶店、自动贩卖水果机商家展开合作,将奉节晚桃投放到市场的各个角落。此外,大树镇凤仙村附近旅游资源丰富,开发潜力大,这里不仅有仙女峡谷还有众多红色遗迹。项目团队将扩大晚桃种植规模,建立晚桃采摘园,打造吃、住、玩于一体的农业旅游服务。未来本项目将以白帝城为核心,打造立体化、全方位的旅游系统。游客到凤仙村可以在春季欣赏漫山遍野的桃花,在夏季乘凉避暑,在秋季体验收获的乐趣,在冬季观赏壮丽的雪景。游客来到这里不仅可以游玩白帝城各个景区,在晚桃采摘园进行拍照、采摘和购买商品,还可以在配套的农家乐休息并品尝奉节当地的特色美食。

结合互联网和虚拟现实技术,目前项目团队已经推出了奉节晚桃定制活动。有意愿的消费者可以在网上认购自己的桃树,通过VR技术消费者可以随时随地对自己的桃树进行远程监测。九月底十月初正值奉节晚桃成熟的季节,每棵桃树的主人可以到桃园查看桃树生长情况并进行采摘。这种个性化的产品营销方式对消费者具有较强的吸引力。在未来,团队将依托晚桃形成规模性水果加工产业,实现产业化发展,并投入更多的资金、人力资源以及土地资源,推动晚桃产品的深加工,比如制成晚桃水果干、晚桃果饮、桃饼等一系列产品。同时,本项目还将积极发挥奉节晚桃优质的原料优势,提升当地果农产品的知名度,实现城市与农村的互动,促进当地农民增收,带动地方经济发展。

凤仙村不仅有晚熟桃,还有早熟桃和中熟桃。早熟桃一般在6月成熟上市,中熟桃一般在7月和8月成熟上市。本项目主打的晚熟桃9月底成熟、10月初上市。根据成熟季节的不同,项目团队未来还可以采取错季销售的策略,以保证在市场上每个季节都有凤仙桃。依托奉节桃子的质量优势,项目团队可以同时对早、中熟桃进行包装和深加工,利用市场优势,加大对晚桃品牌的宣传力度,弥补鲜桃在市场上的缺失。

3.3 技术设计

本项目融合了先进的VR技术和大数据技术。基于桃树领养活动,桃树主人可以通过VR实现桃树的远程监测和管理,使消费者不用到现场就可以有身临其境的感觉,实现随时随地的监控,提升消费者的体验感。

本项目还充分运用了无人机检测与图像分类技术。通过无人机采集果园中晚桃的图片数据,再通过神经网络构造的图像分类技术,对晚桃的生长状态是否正常进行分类,这样不仅能实时监测晚桃生长状态,也可以节省人力成本。

本项目还采用了主干式种植方式,不仅可以提高产量,而且可以减少晚桃的掉落率。

3.4 组织管理设计

各部门岗位设置及项目成员结构见图10-3。

(1)总经理:李军,男,重庆师范大学2019级计算机专业在读硕士研究生,曾多次参加电子商务方面的培训,具有处理电子商务大数据的基本知识,具备良好的组织能力和实践能力,对计算机视觉方面有深入研究,为团队的算法工程提供了支持。

职责:统筹规划项目整体进度,组织管理。

(2)财务部:朱纳,女,重庆师范大学2019级计算机专业在读硕士研究生,曾多次参与相关的会计工作,专业知识扎实,语言功底较强,具备一定的工作经验。

职责:核算项目相关成本。

(3)技术部:黄忠祥,男,重庆师范大学2019级计算机专业在读硕士研究生,曾多次获得综合奖学金,专业知识扎实,具备一定的编程等方面的知识,团队合作能力强,理解能力高,语言功底较强。

职责:负责网页、小程序等后台管理和技术创新与风险管理。

(4)营销部:孙无敌,男,重庆师范大学2019级教育技术学专业在读硕士研究生,专业知识扎实,善于与客户建立良好而稳定的关系,在电商推广方面有较为充足的经验,能够及时将策划落实到位,并拥有较为良好的自媒体运营经验。

职责:负责宣传图制作,项目品牌形象打造。

(5)营销部:陈长玉,女,重庆师范大学2019级教育技术学专业在读硕士研究生,专业知识扎实,参加过多次演讲比赛,组织过多次院级活动,有较好的组织能力及思考能力,电商知识储备较好。

职责:主要负责营销方案的制订、电商运营推广以及与客户沟通。

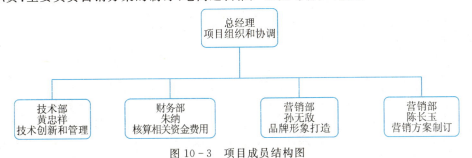

图10-3 项目成员结构图

3.5 财务设计

1. 项目分期建设计划

(1)完成线上渠道建设。在微信、微博、微信、抖音等平台宣传,进行晚桃预售和销售,打造品牌知名度。

(2)完善线下桃园建设。租种当地农户土地建设桃园,聘请当地农户打理桃园,购买晚桃的种子和实用工具。

(3)布局项目成熟期建设。在线下与国内重要媒体达成合作,宣传项目的品牌文化,与当地旅游行业结合,与其他企业建立合作,与各学校共同建立学生素质教育基地和春游、秋游基地,同时进一步拓展晚桃售卖和定制服务两方面市场。

2. 项目经营成本预算

(1)线上渠道建设投资预算。线上渠道建设总费用预算为4万元,主要包括线上平台宣传、推广等费用。

(2)线下桃园建设投资预算。线下桃园建设总费用预算为28.274万元,主要包括场地租用、实施设备、材料、活动装饰等费用。

3.6 风险控制设计

1. 技术风险

技术方面的风险主要是指项目在先进技术和新技术应用方面等存在不确定性,可能给项目带来的风险。同时,未来的发展趋势要求各行业在环保方面做到低能耗、高环保,因此,在技术方面会提出更多、更新的要求。另外,随着科学技术的发展,生产工艺也在日益完善,特别是技术更新速度的加快与新技术、新科学领域的开辟,使得新产品不断涌现。这样,项目评估时的技术参数和投入产出指标也需进行调整。

2. 市场风险

市场风险主要是指项目市场需求预测的不确定性带来的风险。市场风险是本项目面临的主要风险,是项目成败的关键。本项目的市场风险主要有以下几个方面:①市场价格不确定性风险;②市场需求多样性风险;③市场预测偏差性风险;④各类竞争风险;⑤经济危机产生的风险;⑥农业宏观政策变动的风险。

3. 财务风险

本项目投资额度较大,在项目开展周期内可能会由于新技术研发改进(如改变原有的采摘技术、筛选技术等)产生的成本上升,以及后期宣传经费上升等因素造成项目开发整体成本上升。

4. 人事管理风险

电子商务是一个交叉性产业,具有较强的科技含量,除需要电子商务专业人才外,还需要大量的物流管理、计算机、数据库、经济学甚至管理学等相关学科的人才。然而,我国农产品互联网交易平台一般位于经济欠发达的农村地区,这为吸引高素质专业化人才带来了一定的困难。

5. 经营风险

(1)仓库的货损。

为了物流配送的需要,本项目的货物必然会在物流仓库短暂堆放。某些蔬菜类产品因为货物本身的特点,在存储过程中必然会带来一定的货损,对货损的预防和控制是本项目必然要考虑的问题。

(2)对农作物生产过程的监控。

因为本项目打造的品牌形象是有机食品,面向的终端客户对产品的质量要求很高,所以,项目所销售的农产品一定要完全符合对外宣传的标准,否则将对品牌形象大打折扣,也会危及企业的生存。项目运作过程中,必须安排专业人员对全部生产过程进行有效的监控。

(3)对网站的建设。

项目团队会投入一定资金运营项目网站,对网站运行中可能出现的问题提前作好应对准备;为了配合项目的营销宣传,要找到合适的宣传营销商。

(4)互联网交易平台流通模式的间接风险因素分析。

间接风险因素主要指市场环境、自然环境、社会环境、政治经济环境等环境因素及人才因素给平台模式特色农产品的流通带来的风险。这些风险虽然没有直接作用于农产品的流通,但可以通过影响相关行业给平台模式的运作带来风险。

4 项目建设

4.1 组织建设

在组织建设方面,项目团队构建了校、企、政联合的商业模式,通过与当地政府、企业的不断密切沟通配合,最终成功地解决了当地晚桃滞销的问题,积极地为当地的脱贫攻坚作出贡献。

4.2 技术建设

本项目团队成员大多是计算机专业的硕士研究生,依托团队本身的优势,项目团队可以充分利用资源,研发出团队需要的小程序。在老师的指导下,团队成员查阅了相关文献,最终掌握无人机监测与图像分类技术。主干式种植法是目前已成熟的方法,团队在调研中发现了这种先进技术,并积极地引入项目。

4.3 商业运作建设

本项目团队与当地多家线上电商平台进行合作,包括奉节生活网、开街网、鹿呦呦网和千家万户网等,充分利用当地电商平台开展晚桃的宣传与销售工作;并依托当下流行的新媒体,例如微博、微信、抖音等,通过直播带货对晚桃产品进行宣传与销售。

4.4 营销推广

项目前期主要对产品的特点进行宣传,为了吸引消费者,团队策划了对晚桃树认购的预售活动。因为晚桃花的观赏以及在桃果上印字等活动都需要消费者提前认购晚桃树才能进行。后续过程中,团队将推出线下和线上的旗舰店,建立自己的网站,并邀请知名人士代言产品。

项目团队邀请认购晚桃树的消费者和其他游客参加桃花节和丰收节,逐步将旅游与产品进行结合。桃园本身就身处大山深处,风景优美,消费者既可以游山玩水,也可以体验农事活动带来的乐趣。认购桃树的消费者可以凭借认购证明获取相应的门票,未认购晚桃树的游客需要购买门票才能参加相关活动。

后期团队会将当地已有的旅游资源与晚桃营销相结合,形成"产品+旅游"的发展模式,以产品为核心带动旅游项目,以旅游促进产品营销。通过举办桃花节和丰收节,形成当地特有的晚桃文化,吸引各地的游客来到凤仙村体验乡间的趣味活动,例如晚桃采摘、水库钓鱼、陶工艺体验、桃园客栈住宿。同时,旅游业的发展可以带动当地晚桃产品的销售。良好的体验服务可以加深游客对凤仙的印象,促进晚桃产品消费。游客可以选择在线下实体店直接购买当地晚桃产品和相关的手工艺品,或者选择线上购买,由当地工作人员将游客购买的产品邮寄回家。

5 项目运行与维护

5.1 运行与维护过程

1. 下沉市场,拥抱农村

"下沉市场"是 2020 年电商的中心词,道理很简单,城市市场已经饱和,唯一的增量用户在下沉市场(三线以下城市)、在农村。据有关数据显示,淘宝新增用户有 70% 来自下沉市场,拼多多有 64%。这也意味着下沉市场的用户增量市场空间巨大。此外,农业农村部发展规划司印发的《发展规划司 2020 年工作要点》指出,2020 年主要深入推进信息进村入户,实施"互联网+"农产品出村进城工程。

2. 直播/短视频电商

近年来,用户的消费选择受"网红"影响,消费中的"种草""做功课(比较)""点击购买"的环节都有"网红"的参与。2018年才上线的快手电商,2019年的交易额就已达到超六百亿元规模;而抖音虽然没把电商作为主要发力点,但交易额也有两百亿元的规模。直播/短视频电商能有这样的收益,完全是由于用户的个性化需求在观看短视频、直播中得到了满足,从而愿意花更多的时间在这上面。这些现象都表明,结合直播、短视频进行电商营销是大有可为的。

5.2 运行与维护效果

在线上,团队陆续开通了小程序和微信社群进行营销,在微博、抖音和小红书上开设奉节晚桃官方账号进行产品推广和宣传,同时在项目团队的共同努力下与奉节生活网、开街网等农业电商平台达成了合作。

在线上运营的同时,项目团队不忘在线下争取拓展业务。通过团队努力,奉节晚桃和永辉超市、重庆相关高校和重庆大学城附近社区形成合作。这样线上和线下双管齐下,共同促成了奉节晚桃走向全国各地。

通过线下和线上的努力,截至2020年6月本项目取得了一定的成果。在线上领养种植活动中,微信小程序、微信群和抖音平台下单量一共达到了52单,约售出4000斤晚桃。在晚桃预售活动中,通过微信群和小程序一共售出102单,售出晚桃约1500斤左右。截至2020年12月,累积销售晚桃约8000斤。

6 分析与评价

6.1 指导老师点评

项目中的同学们通过这次共同努力的创业项目,实地调研了当地的真实情况,能够对这些问题提出针对性的项目策划,构建出一种新的商业模式,并结合所学知识,将人工智能等技术融入项目中,并最终实事求是地解决当地的晚桃滞销问题,这是非常值得肯定的。本项目一方面积极响应了国家的号召,助力当地脱贫攻坚;另一方面真实地做了许多社会服务,不仅从中锻炼了学生们的各项专业技能,包括程序开发、算法实现等,也历练了学生们的意志,遇到事情变得更加稳重,不轻言放弃。

团队的团结合作与勇于创新,使项目最终成功地完成了预期的规划与收益实现,真正地做到了"创新、创意和创业",做到了项目落地,真实地帮助了当地的贫困户,这也是本项目的重要意义。

6.2 专家评析

该项目旨在打造一种"校、企、政、商"新模式,充分调用一切资源,并在政府的大力支持下,帮助奉节县农民解决了晚桃滞销问题。该项目构思非常接地气,有助于解决现实中迫切需要解决的棘手问题。项目的商业运作较为全面,利用当前最热门的电子商务渠道展开营销工作。如果将这一项目持续进行,能够极大提高当地的乡村电子商务发展水平。

评阅人:乔志林(西安交通大学经济与金融学院副教授、博导)

案例十一　瓦猫零食

获奖情况：第十届"三创赛"一等奖
参赛团队：瓦猫零食
参赛组长：王靖茜
参赛队员：杨茂江　邱航　郑安琪
指导教师：谢晶　张钰洺
关键词：民俗文化IP　潮元素　快消时代　非物质文化遗产推广

摘要：云南拥有灿烂的民族历史文化，少数民族众多，地势险峻，众山环绕，历史文物与民族文化保留较为完整。云南地区的房子有一个特点，就是在房顶安置有瓦猫。瓦猫是用陶土捏成型，再用火烧制而成的，它最为奇特的就是张着的血盆大口，整体造型为面目狰狞的神怪，具有镇宅辟邪的作用，同时也展示了云南的特色文化和民族特色。瓦猫是我国云南省特有的非物质文化遗产，承载了千百年来的民族文化，传承着民族精神，也是文化记忆的方式之一。它不仅仅只是一个摆件，同时也蕴含着历史价值、社会价值和文化价值。随着时代的变化，外来文化的冲击，瓦猫逐渐被时代淡忘，为了与时代共同进步，瓦猫的设计和工艺也应随着现代人的审美与喜好作出改变。

为了让传统文化更加贴近生活、更具有实用性和传播性，使我国传统文化艺术得到传承和发展，我们将瓦猫形成全新的品牌理念，打造独具民族文化特色的产品，向现代人展示民族文化的魅力，创造经济价值。本项目依托非物质文化遗产瓦猫，推广云南特色文化，将云南特色文化与当地特色小吃结合，打造满足人们多种口味的当地"潮"文化特色休闲零食，形成云南零食体系化品牌，从而让传统文化能够有更加年轻化的展现方式，让更多年轻人能了解云南当地传统特色文化。

瓦猫是云南人民喜爱的镇宅神兽，也是云南家家户户人民的守护神，我们选择瓦猫作为品牌形象，也是为了将瓦猫这一守护神的角色贯穿到整个品牌理念中，守护人们的食品安全。当今社会中，食品市场上掺杂着很多带有食品安全问题的添加剂，质检方面不达标，导致不断地出现食品安全问题。尤其是旅游食品，没有完整的生产体系和品质保证，无法确保食品的安全。我们将瓦猫作为人们健康的守护神，也作为品牌的主要形象，希望通过项目设计和运作能更好地守护云南的历史文化，守护珍贵的文化遗产，守护人们的安全和健康。

1　项目简介

1.1　项目社会经济意义

随着我国经济飞速发展，人们的生活水平和消费能力逐步提高，消费习惯也随之改变。如今，人们对休闲食品的需求也逐渐增加，无论是哪个年龄层的消费群体，都会有休闲零食方面的消费,零食适合绝大多数群体。消费者对食品的需求和兴趣从消费品逐渐向可选消费品转移,零食不再是儿童、青少年的专属,不再和不健康画等号,和正餐之间的界限也日渐模糊。国家在不断加大对休闲零食开发的支持力度的同时,企业也在不断努力提高消费者的休闲零食意识,重视产品研发,强化品牌形象,为消费者提供良好的顾客体验,提高消费者对企业的忠诚度,建立良好的沟通渠道,从而不断促进中国休闲零食产业的健康持续发展。

"十二五"期间,各地区、各部门进一步加大工作力度,食品安全形势总体稳定向好,人民群众饮食安全得到切实保障。"十三五"时期是全面建成小康社会的决胜阶段,也是全面建立严密高效、社会共治的食品安全治理体系的关键时期。尊重食品安全客观规律,坚持源头治理、标本兼治,确保人民群众"舌尖上的安全",是全面建成小康社会的客观需要,是公共安全体系建设的重要内容,必须下大力气抓紧抓好。本项目顺应国家政策及相关法律法规,严格把控食品安全问题,将瓦猫守护神的理念贯穿整个食品安全体系之中,时刻守护人们的安全和健康。

1.2 项目目标与近期效果

项目目前已入驻淘宝、拼多多等线上平台进行推广,已开设一间线下实体店,待项目发展成熟后,将在线下增设专属的品牌零售体验店,除了瓦猫零食店,还将拓展瓦猫奶茶店、瓦猫书咖等,并逐渐扩大店铺规模,开设全国连锁店,规范化运营、销售,不断提升品牌知名度。

1.3 项目主要内容

本项目致力于打造云南文化底蕴和特色的瓦猫零食品牌。瓦猫形象代表了云南特有的一种区域民俗文化,数百年的历史沉淀使瓦猫在云南当地人心中拥有不可撼动的地位,也成为云南文化的一个代表。瓦猫零食系列作为一款云南本土特色的旅游零食,产品带有浓厚的云南文化底蕴,并融入了新时代中的时尚、潮流、现代元素,在产品包装、文创产品及其他衍生产品等方面进行了着重体现。本项目希望在当代人的心中树立起立体化的品牌定位和形象,将趣味性、文化性、时尚性作为提升辨识度的重要依据。

1.4 项目技术路线

1. 内容生产

本项目的产品以瓦猫为主题,以零食为核心,以文创为辅助,制作休闲零食、文创产品。此类内容的生产是利用了联合效应,通过多渠道的销售,多样化的宣传推广,引入现代化管理和互联网思维把瓦猫零食做得更好,把瓦猫主题零食和文创市场做得更好,高质量地满足消费者对于个性化、多元化的消费需求。

2. 运作形式

本项目采取线上线下联动运作模式,互相从彼此获取运作效益,以达到充分发挥新媒体平台的优势,服务于线下实体行业内容,催生经济效益与社会效益的目的。项目将零食、文创产品在超市、商场内上架,如生活区、文具区、休闲零食区等,同时通过线下招收加盟商、入驻学校和线上新媒体直播带货及平台推广宣传、在淘宝平台建立店铺等方式加大产品销量。

1.5 项目特色

本项目品牌所采用的瓦猫形象具有悠久历史,文化底蕴丰富,因此可以代表云南的特色文化象征,极具传统性。在传承和发扬传统文化的同时,项目品牌融入了现在的时尚元素,设计出了有设计感、生动形象的动画人物作为产品的包装形象,并衍生出品牌的系列文创产品,将瓦猫形象贯穿于整个品牌设计。

2 项目分析(创新)

2.1 市场需求分析

据灵核网发布的《2019—2024年中国休闲零食行业现状深度分析及前景投资测量研究报告》统计,2011—2018年我国休闲食品行业实现快速扩容,年复合增长率达到12.3%,2018年休闲食品行业市场规模达到10297亿元。据2021年国家统计局发布的数据显示,2020年我国全年消费品零售总额391981亿元。

休闲食品市场已初具规模,仍有较大提升空间。随着人均收入的提高和消费升级的持续,人们对休闲食品的消费逐渐增多,休闲食品的市场规模稳步提升。从长期来看,随着消费趋势的升级和人均收入的提高,休闲食品市场规模有望持续增长。

过去5年电商红利驱动行业较快增长,未来随着红利逐渐消退,行业增速或将放缓。但是受疫情影响,2020年2月份休闲食品线上交易量增加29%,叠加居民消费习惯的改变、电商渠道渗透下沉到一线市场和休闲食品特殊的消费属性,休闲食品行业有望延续较快增长。

2.2 可行性分析

本项目的SWOT分析见表11-1。

表11-1　SWOT分析

项目	优势	劣势	机会	威胁
主要内容	1. 瓦猫历史悠久,文化底蕴丰富 2. 融入现代潮流元素,与传统结合 3. 衍生产品种类丰富 4. 市场认可度高,填补了空白 5. 团队和技术支持强大 6. 产品安全健康 7. 商业模式先进	1. 行业经验不足 2. 运营体系与人员分配不成熟 3. 目前知名度较低	1. 政策支持 2. 人们生活水平提高,消费能力提高,零食符合男女老少各种人群口味 3. 云南市场中存在体系化零食品牌的空白,而本项目填补了这一空白	1. 企业没有明确的品牌定位,消费者对产品没有辨识性 2. 企业的研发能力不足,产品同质化导致价格竞争激烈,利润空间减少 3. 创意、版权纠纷问题

续表

项目	优势	劣势	机会	威胁
针对措施	—	1.将陆续吸收更多经验丰富的人才,包括市场营销、策划、财务等 2.加大市场推广和运营力度 3.做好产品品质	—	1.本项目致力于打造云南特色瓦猫形象的休闲零食品牌,因此具有一定辨识度 2.研发能力强,目前已推出6款产品,且已经研发出接下来推出的大礼包系列和文创产品,利润空间也相对较大 3.团队已注册产品设计版权,中后期在新品研发中团队依旧会把版权作为保护核心
总结	品牌应当发挥自身优势,解决自身短板,寻求优秀的合作方,与项目团队共同打造品牌体系,形成设计、生产与销售等方面的联盟体,建立品牌数据体系			

1. 优势

品牌创立时间虽短,但已经取得了不少成效,填补了云南零食行业的一定市场空白,使品牌处于有利地位,加上强大的团队和技术支持及安全、健康、高质量的产品,运用先进的互联网思维和运营模式进行市场营销与推广,将会大大提高产品的知名度,未来的发展空间极其广阔。

2. 劣势

品牌处于创立初期,行业经验不足,不成熟的运营体系与人员分配弊端、财务运维尚有不足,但团队将会随着项目发展陆续吸收更多经验丰富的人才,包括市场营销、策划、财务等。瓦猫相比于三只松鼠、良品铺子、百草味等品牌,目前的知名度相对较低,但随着市场运营和推广力度的加大,并坚持做好产品定位和品质,将有望占据市场有利地位。

3. 机会

自国家2011年提出《食品工业"十二五"发展规划》以来,我国休闲食品行业监管日趋完善,食品企业也在不断进行结构调整。中国经济快速发展,居民生活水平和消费能力不断提高,消费习惯也随之改变。无论什么年龄阶段的消费者,都热衷于休闲食品所带来的丰富的味蕾体验。正因如此,休闲食品电商的交易规模也持续走高。

打造云南民俗文化的蓝海中,瓦猫零食是目前市场中较为领先出现的产品,市场认可度与市场接纳度都很高,没有固有的模式捆绑。团队在中后期销量较为稳定的情况下将进行新的人才招纳,提供足够的合理化分配空间,同时团队财务人员将在完善财务制度前提下,设置专业的财务工作岗位,并且依托于专业的财务会计事务所监督项目财务运营状况。

4. 威胁

随着人们生活质量的提高和市场需求的多样化,休闲食品的品种越来越多,质量越来越高,营养越来越丰富。同时,对简单、健康的消费需求也使休闲小吃逐渐成为人们日常生活中的必需品。休闲食品除了广阔的市场前景之外,同时也面临着多种挑战,如部分企业没有明确的品牌定位,消费者对产品没有辨识性;企业的研发能力不足,产品同质化导致价格竞争激烈,利润空间减少等。而针对上述威胁性因素,本团队均对其采取了相应措施。本项目致力于打造云南特色瓦猫形象的休闲零食品牌,因此具有特色的定位,拥有独一无二的价值,增强了辨识度;项目研发力度强,目前已推出6款产品,且已经研发出了后续的大礼包系列和文创产品,利润空间也相对较大。创意盗取和版权问题也属于重要的法律纠纷问题,但团队在前期就已经将所有产品注册版权,中后期在新品研发中团队依旧会把版权作为保护重点。

2.3 其他(云计算与物联网的应用)

本项目商业模式采取多渠道、多种类的形式。多渠道体现在销售渠道,线上与线下结合,加之优秀的营销矩阵,多渠道推广销售,使我们的产品在大众心中的认可度有所提升。本项目致力于打造先进的商业营销模式,线上与线下结合,传统与现代碰撞,利用传统文化特色和先进的互联网营销模式进行品牌的大力度推广,与各大知名新媒体大V合作,利用直播带货、入驻学校、线下商超、淘宝店铺和代理销售的多渠道销售产品,扩大知名度和影响力,提升产品销量。多种类表现在产品的种类,不仅推出了目前的6款产品,还将继续拓展业务,衍生出系列文创产品,比如帽子、服装、手提袋、手机壳等。待后续项目发展稳定,团队将会在线下开设瓦猫奶茶店、瓦猫书咖等多种类型的文化店铺。

3 项目设计(创意)

3.1 产品形态设计

本项目将瓦猫文化主要定位于年轻群体。在对当下年轻人潮流趋势调研中,我们发现表情包常见于年轻人日常沟通中。表情包自带流量,且具有强大的引流效果,它不需要庞大的资金链宣传,却依旧能够使人记忆犹新,所以我们将瓦猫尖牙利嘴的基础形象保留,再加上表情包中较为经典的服饰、动态、语言加以融合,进行二次创作后,呈现出一个全新的、在保留传统文化基础上结合潮流及现代元素的瓦猫拟人形象。

3.2 经营模式设计

顺应当代新媒体热潮,本项目主要采用O2O线上线下联合运作形式及多平台运作形式。O2O线上线下联合运作形式中,线上指的是互联网新媒体的线上推广和宣传,本项目将在抖音、快手等平台注册账号,实时发布店铺相关短视频,并邀请有一定知名度的人进行网络直播宣传和美食自媒体吃播分享,同时联系云南当地有一定影响力的自媒体账号进行合作,扩大知名度和影响力。

3.3 组织机制设计

项目的实施有一定的周期,涉及的环节也较多,在这期间如果出现一些人力不可抗拒的意外事件或某个环节出现问题以及宏观经济形势发生较大的变化,那么企业的组织结构、管理方法可能会不适应内外环境变化,并将大大影响项目的进展或收益。

因此,在组织机制设计时,首先,项目运营成功后,需要吸收具有丰富投资管理、运营管理方面经验的专业人才进入管理层,规范企业治理,完善各项管理制度,保障企业员工的合法权益。其次,本项目需要加强对管理人员在组织结构、管理制度、管理方法等方面的内部培训和外部培训,提高其整体素质和经营管理水平。最后,本项目需要倡导组织创新和思想创新,以适应不断变化的外部环境。

3.4 财务管理设计

企业需要实行严格的资金运用审批制度,根据项目的发展情况和资金市场成本变化,调整资本结构。首先,项目需要加强对业务投入、业务支出、日常现金等的管理,在保持较高的流动性的基础上,减少资金占用,为项目扩大投资提供现金流。其次,项目需要使投资项目尽快产生效益,提高资产盈利能力,降低投资风险。最后,项目需要建立相应的风险预警机制,加强内部管理,严格规章制度,把可能发生的损失降低到最低程度。

3.5 风险控制设计

目前休闲零食行业的发展增速不减,但随着互联网红利的结束,网络平台的月活数增速可能出现下滑,导致行业收入增幅下降。

在不断完善营销策略的基础上,本项目将加大宣传力度,使广大消费者从观念上接受我们的产品。所以,我们产品在进入市场前期需要做好市场调研工作,全面了解消费者情况,选定一个目标市场作为突破口由此打开市场,然后再逐步进入整个市场。并且,我们还需要不断提高服务质量,给消费者良好的体验,以吸引一定的消费者。

3.6 其他(与同类项目的差异化分析)

休闲食品市场呈现集中增长趋势,我国休闲零食三大品牌三只松鼠、百草味与良品铺子其产品略有差异,三大巨头线上线下全渠道融合发展,领跑整个行业。瓦猫与三只松鼠、良品铺子、百草味等品牌相比,目前的知名度相对较低,但随着市场运营和推广力度的加大,项目团队将坚持产品定位和品质,逐步占据市场有利地位。

4 项目建设(创业)

4.1 组织机构建设

4.1.1 分销商

(1)身份认证。加入本项目平台的分销商,平台将会根据分销商的身份信息进行官方认证,使其作为品牌导购的身份销售商品,通过统一要求使平台显得更统一和专业化。

(2)专属个人空间。本项目平台中为分销商设置专属销售空间,提供库存、进货、销售线索、个人名片等,信息清晰明了。

(3)分销奖励。本项目平台将设置分销佣金、任务奖励、专属优惠券、排行榜等,从而吸引更多人参与销售产品,增加订单量。

(4)佣金结算。平台系统会在顾客确认收货后自动清算账目,避免账款遗漏错误。

4.1.2 营销方式

(1)拼团营销。消费者可随时邀请好友参与拼团,这样价格相对实惠。拼团的创建操作简行,使消费者在享受折扣的同时可以扩大粉丝基础和产品知名度;拼团也可以帮助分销商实现二级分销商的裂变,实现老顾客带领新顾客,使分销商解决销售客源难题。除了多人拼团外,还有社区团购,这种形式有助于组建社区销售体系,提高经营效率。

(2)优惠促销。首先,平台将实时发布限时折扣产品,有利于顾客及时下单,清理库存;其次,平台可以进行限时秒杀活动,利用低价吸引客流量,快速提升人气;最后,平台会不定期更新"打包一口价"的优惠套餐活动,将某些产品进行打包,规定为×元任选×件或满减,利用一口价的优惠吸引客源,制造促销氛围;同时多种搭配也可为消费者提供多种选择,从而提升订单量。

(3)订金模式。部分商品的销售将实行预付订金模式,利用小额订金刺激消费者下单,在消费者第二次进入页面付尾款时,也同时提升了客户回访率。

4.1.3 虚拟体系

平台将通过积分商城、会员充值、生日券、礼品卡等虚拟形式增强客户黏性,使客户增加购物频次,沉淀忠诚客户,提升订单量,增加盈利。

4.2 技术支持建设

本项目目前还在进行线上试营业,与部分淘宝店铺合作销售瓦猫系列零食,消费者反馈不错,市场认可度较高,目前正在筹备上架淘宝、京东,实行预售。通过网红推广,上架购买直通车,以及实行预售,达到众筹效果,让消费者提前购买,实行15天内发货,达到资金链循环,从而稳定线上店铺的发展。

同时,目前微商销售产品的方式已经不再局限于朋友圈,我们也可以搭建小程序,进行社区团购。目前我们掌握了一定数量的学生群体消费者,学生是零食消费的一大主流群体,因此可以将学生们拉进拼单群中,搭建小程序,利用拼单优惠的策略增加订单销量,也方便后台统计物流等信息。

4.3 商业运作建设

本项目计划建立有效的供应链平台,招收分销商,通过不同的营销模式使平台、生产供货商、分销商与顾客四者组成联盟,形成互动闭环;计划建立电子商务运营模式,使供货商直接在平台上供货,巩固各地的旅游点、代销点的销售量;使各地消费者直接在平台上下单,生产商直接按照平台的订单就近发货,通过同城电子商务运送到各个代销点、网点;使生产链、供应链、客户之间达到完美融合,将多方组织起来,使销售更加广泛、便捷。

同时,项目团队也可为分销商作价格指导,给予分销商销售奖励,给予消费者每日签到积分奖励,通过三层框架实现赋能,为分销商提供方便、快速、准确的各种信息,提供销售渠道,使其更好地为消费者服务,从而进一步促进销售量的提升。

4.4 网络营销建设

本项目以卖萌为主的个人形象展示抖音号目前粉丝量有12.1万。项目后期团队准备通过大量的网红进行直播带货,联合省内外各大主播,给予他们利润的一定比例,从而提高他们销售的积极性,提升品牌宣传力度,形成良好的口碑。

5 项目运行与维护

5.1 运行与维护过程

1. 增强内容形式的创新,打造品牌特色

(1)内容为主。
①根据线上店铺消费者的需求进行直播,增强用户黏性;
②提供消费者感兴趣的信息;
③打造优质内容助力品牌推广。
(2)打造个性化品牌形象。

2. 推出产品研发,提供优质服务

(1)优化产品和服务,增强顾客忠诚度;
(2)积极创新经营模式,提高顾客对产品的新鲜感。

3. 完善内部监管体制,促进品牌健康发展

加强团队建设,增强监管体制。

4. 注册版权、商标

(1)注册产品专利;
(2)申请地理示范商标。

5.2 运行与维护效果

随着项目的逐渐成熟,产品研发款式也会越来越多,团队将进一步完善相关制度和规范。在线上,我们团队与将与多家新媒体公司等签订合作协议,增加粉丝量,加快产品流通速度,为中后期扩大销售奠定基础。

在线下,依靠定点销售的稳定性,不断优化制度,提升核心人员的技术与眼界,强化品牌意识,打造系列产品,利用样式、图形、形象等直观的方式使消费者加深品牌印象,达到客户与产品本身产生共鸣。同时,逐步形成品牌实体店,打造品牌专属的线下体验销售店面,整合店面系统。实体店面既可以使客户更加直观、直接地感受到瓦猫的品牌文化与品牌服务,提高客户体验度,从而更好地输送瓦猫文化。

1. 市场影响

本项目不仅传承了云南的特色瓦猫文化,还向全国传播了当地历史文化和价值,实现了社会效益。项目将历史与现代元素相结合,将线上与线下相结合,运用先进的互联网思维商业运营模式,打造特色品牌,具有先进性和独特性,并且经济效益可观,利润空间巨大。

2. 运营业绩

目前项目仍处于试运营阶段,故此处的财务预测为瓦猫零食运行经营的可行性分析,见表 11-2、表 11-3。财务数据为预测数据,具有不确定因素。本次财务预测方并不是专业的会计咨询机构、评估机构,而是以管理咨询顾问的角度,在信息并不充分的条件下所进行的测算。

(1)测算期取 2020 年至 2024 年。

(2)业务收入主要来源于线下实体行业收入、线上店铺等。
(3)假定收取的价格是固定的,无价格上涨带来的收入增加。
(4)假定直接生产人员构成和薪资水平不突破年平均销售增长率。
(5)生产设备完好率和利用率保持稳定。
(6)销售方式与渠道符合销售增长的需要。

表 11-2　成本预测分析　　　　　　　　　　　　(单位:万元)

序号	费用分类	2020 年	2021 年	2022 年	2023 年	2024 年
1	设计研发成本	10	13	15	10	5
2	实体体验店	0	0	10	20	30
3	团队建设	8	10	12	20	40
4	市场营销和推广	3.9	8	10	12	15
5	生产制造	30.6	45	60	75	80
6	入驻店面租金	10	10	10	10	10
7	合计	62.5	86	117	147	180

如表 11-2 所示,本项目计划前三年不断推出新品,因此需要加大设计研发成本,后续两年产品基本稳定,因此成本减少;实体店需在项目成熟稳定后开设,因此前两年暂不开设,后续三年开设将加大装修等投入;随着项目规模不断壮大和店铺增加,团队成员及下属员工不断增加,因此人员工资增加;每年需要根据市场情况加大市场推广;随着店铺增多和知名度的提升,以及后续文创产品的衍生,生产成本将增加;因入驻店面固定,故成本持续稳定。总体上成本在不断增加,但是收入也不断增加,因此纯利也在提高。

表 11-3　收入预测分析表　　　　　　　　　　　　(单元:万元)

序号	收入项目	2020 年	2021 年	2022 年	2023 年	2024 年
1	实体体验店	0	0	50	95	180
3	加盟商超	80	100	105	110	110
5	直播带货	85	100	120	140	145
6	线上店铺	0	30	35	40	42
5	代理销售	20	35	40	40	42
	合计	185	265	350	425	519

如表 11-3 所示,前两年暂不开设实体店,第三年待项目稳定后开设,后续将增设店铺,故收入增加甚至翻倍;加盟入驻增加,因此商超收入持续增加,但总体趋于平稳;随着品牌推广力度加大,知名度提升,产品品质受到更多消费者的青睐,因此加大直播带货力度,收入也随之增加;线上店铺销售处于稳定增长状态;品牌不断招收代理,因此代理销售不断增加。总体上收入可观,利润空间大。

3. 社会和经济效益

当下食品行业随着时代进步越来越规范化、多元化发展,品牌层出不穷,各地都开始出现专属当地文化特点的零食品牌,而云南带有文化创意同时又能整合零食产业的品牌还不多,更多的企业还是以传统零食售卖形式,零售批发、外商供货。随着省外的零食不断高端化,并不断发展,已逐步地侵蚀云南当地的零食市场,因此具有云南当地文化特色的零食市场份额越来越小。选用瓦猫这一云南当地特有文化作为产品标识,团队考虑的不仅是产品的发展,更希望产品在与其他文化竞争的同时带动云南当地特有文化创意的传播,并且在不断输出文化、宣传文化的基础上也希望能够唤起云南年青一代对于自身文化的重视与自豪感,获得文化认同感。

6 分析与评价

6.1 指导老师点评

对于创业项目的选择,瓦猫项目小组的成员在一年前就开始打造传统文化与新创意结合的快消零食品牌,并且有市场、高效益、低风险,可以说他们在选题方面做出了正确的选择,这样的低成本项目创业成功的机会比较大,并且没有巨大的资金压力。

在整理、撰写本次创业报告书的过程中,我们发现了项目成员的长处与不足。优点在于学生能够准确把握市场热点、社会潮流,提出趣味性强,且可行的执行方案;而问题在于对市场潜力认识不足。该创业项目的亮点是将非物质文化遗产嫁接到产品与潮文化结合,集合了全体成员的力量,首创了与非物质文化相结合的零食品牌。学生们能提出这样的创意,超出了老师的预计,它是一种全新的具有传统特色,又有潮流元素的品牌模式。

本次比赛的意义对于团队来说非常重大,不仅有思维的锻炼更有实际社会阅历的成长,使学生体验到了较为真实的创业环境、全程领略了创业的魅力。

6.2 专家评析

该作品深入挖掘云南特有的非物质文化遗产,传承民族特色文化,体现出了传统艺术的现代价值。将瓦猫作为食品品牌的形象,有助于提高消费者对食品安全的关注,该项目会铸造一个极具特色的食品品牌。项目策划有着较为清晰的产品定位和品牌设计,在如何切实落实产品设计创意方面可以进一步挖掘。

评阅人:乔志林(西安交通大学经济与金融学院副教授、博导)